Frantisek Vejdovský

Beiträge zur vergleicheinenden Morphologhie der Annelinden

Monographie der Enchytraeiden

Frantisek Vejdovský

Beiträge zur vergleicheinenden Morphologhie der Annelinden
Monographie der Enchytraeiden

ISBN/EAN: 9783743656666

Hergestellt in Europa, USA, Kanada, Australien, Japan

Cover: Foto ©ninafisch / pixelio.de

Weitere Bücher finden Sie auf **www.hansebooks.com**

BEITRÄGE

ZUR

VERGLEICHENDEN MORPHOLOGIE DER ANNELIDEN.

I. MONOGRAPHIE DER ENCHYTRAEIDEN.

VON

D^r. FRANZ VEJDOVSKÝ,
DOCENT AM K. K. BÖHMISCHEN POLYTECHNICUM ZU PRAG.

MIT 14 TAFELN.

(VERÖFFENTLICHT MIT SUBVENTION DER KÖNIGL. BÖHM. GESELLSCHAFT DER WISSENSCHAFTEN ZU PRAG.)

PRAG 1879.
VERLAG VON FRIEDRICH TEMPSKY.

Druck von Dr. Ed. Grégr in Prag.

VORWORT.

Vorliegende Schrift über die Enchytraeiden ist im Auftrage des Comités für naturhistorische Landesdurchforschung von Böhmen bereits im Jahre 1876 begonnen und bisher mit einigen Unterbrechungen fortgesetzt worden. Dieselbe sollte ursprünglich nur eine systematische Übersicht der Anneliden Böhmens enthalten, ohne den anatomischen Bau der genannten Thiere ausführlich zu berücksichtigen. Dies war aber nicht möglich bei dem bisherigen Standpunkte unserer Kenntnisse über die Oligochaeten. Erst im vorigen Decennium hat CLAPARÈDE angefangen den Bau dieser, dazumal wenig bekannten Thiere darzulegen, die Arten und Gattungen gründlicher zu unterscheiden, ohne jedoch eine übersichtliche Zusammenstellung derselben zu geben. In dieser Richtung haben auch die ausgezeichneten Arbeiten LEYDIG's und neuerdings PERRIER's über die Anatomie und KOWALEVSKY's über die Embryologie der Oligochaeten die Bahn gebrochen. Die bereits früher von GRUBE und unlängst von LÉON VAILLANT vorgeschlagenen Systeme dieser Thiere sind nur als diesen Zweck anstrebende Versuche zu betrachten, da sie in der Hauptsache an der Zahl und Form der Borsten geschaffen wurden.

Begünstigt durch die rege Theilnahme des Comités für die Landesdurchforschung von Böhmen an meinen Untersuchungen wurde mir im Laufe der Zeit die Möglichkeit geboten ein bedeutendes Material zusammenzubringen und in dieser Richtung die ersten Schritte zur Aufstellung eines Systemes der Oligochaeten zu unternehmen. In der gegenwärtigen Monographie beginne ich mit den, bisher am wenigsten bekannten und doch für die Morphologie des thierischen Körpers so wichtigen Oligochaeten, mit der Familie der Enchytraeiden. Zur klareren Darstellung fand ich mich bemüssigt den zu behandelnden Stoff in einen allgemeinen und einen speciellen Theil zu zerlegen. Der allgemeine Theil hat in seinem ersten Abschnitte die kritische Beleuchtung der bisherigen, die Enchytraeiden behandelnden Literatur zum Inhalte. Im zweiten Abschnitte sind die Ergebnisse meiner Beobachtungen über den anatomischen und histologischen Bau der Enchytraeiden und über die Physiologie und Entwicklung einzelner Organe, mit Berücksichtigung der anatomischen Verhältnisse sowohl der verwandten Oligochaeten, als auch der übrigen Anneliden und anderer Thiergruppen zusammengestellt. Von besonderer Bedeutung für die vergleichende Morphologie sind unbestritten die Untersuchungen an jenen Organen, die erst in der postembryonalen Periode im Wurmkörper zur vollständigen Entwicklung gelangen. In dieser Beziehung trachtete ich zunächst die Entstehung der Speicheldrüsen und allmälige Entwicklung der Geschlechtsgänge darzulegen. Dem letztgenannten Gegenstande widmete ich namentlich besondere Aufmerksamkeit, da ich überzeugt war, dass die Williams-Claparède'sche Theorie über die Modification der Segmentalorgane zu den Geschlechtsgängen bei den Oligochaeten keine begründete sei. Durch die in dieser Richtung angestellten Untersuchungen ergab sich thatsächlich, dass weder die Samenleiter, noch die Samentaschen in irgend welcher Beziehung zu den Segmentalorganen stehen, und dass nur die Speicheldrüsen in der Verwachsung der letztgenannten Organe ihren Ursprung finden.

Das Material zu diesen Untersuchungen wurde grösstentheils in der Umgebung von Prag, Kauřim, Laun, Budweis, Wittingau und Turnau gesammelt. Weitere Beiträge lieferten auch die Umgebungen von Sazau und Leitmeritz (J. Frič), Bedihost in Mähren (Prof. Uličný) und die Torfmoore von Hirschberg (Sitenský). Auch in der zoologischen Station zu Triest hatte ich Gelegenheit eine marine Form zu untersuchen. Nicht minder regten mich zur Bearbeitung des gesammelten Materiales die Untersuchungen meines geschätzten Freundes, des Herrn GUSTAV EISEN zu Fresno in Californien an, der sich zur selben Zeit mit der systematischen Bearbeitung der von Prof. NORDENSKJÖLD in Sibirien und von ihm selbst in Nordamerika gesammelten Enchytraciden befasste. Durch schriftliche Mittheilungen und zuletzt durch Vergleich der Zeichnungen des Herrn Eisen, sowie der Praeparate, die ich demselben nach Fresno geschickt habe, ergab es sich, dass die einzelnen europaeischen, sibirischen und amerikanischen Arten in nächster Verwandschaft zu einander stehen. Ich führe nur 16 von mir beobachtete Arten an, die sich in 3 Gattungen vertheilen. Diese Aufzählung ist aber keinesfalls erschöpfend, sondern stellt uns einen unbedeutenden Theil eines sehr reichen, der Bearbeitung harrenden Gebietes dar. Da ich vorzugsweise den anatomischen Bau dieser Thiere darzulegen trachtete, um zu allgemeineren Schlüssen zu gelangen, begnügte ich mich mit der Erkenntniss der hier geschilderten Arten. Feuchte Garten- und Walderde, feuchter Sand, moorige Gräben, morsches Holz, Sumpf und Wasser, namentlich aber Blumentöpfe bieten dem strebsamen Forscher ein reichhaltiges Material zur speciellen Bearbeitung.

Über die Systematik der Enchytraeiden habe ich bereits früher eine vorläufige Mittheilung gemacht. (Zur Anatomie und Systematik der Enchytraeiden. Sitzungsberichte der kön. böhm. Gesellsch. d. Wissenschaften zu Prag 1877.)

Schliesslich sei es mir gegönnt einige Worte über die Herausgabe des vorliegenden Werkes beizufügen. Durch die Liberalität der *königl. böhm. Gesellschaft der Wissenschaften zu Prag* wurde ich in den Stand gesetzt die Arbeit mit zahlreichen Abbildungen zu versehen und so das Verständniss des textuellen Theiles wesentlich zu befördern. Ich erfülle hiemit die angenehme Pflicht dieser verehrten Gesellschaft, sowie dem, um die Beförderung der Naturwissenschaften in Böhmen so hochverdienten Herrn Prof. *A. Frič*, — der an der Veröffentlichung meiner Arbeit die innigste Theilnahme hatte, — und meinem Verleger Herrn *F. Tempsky* meinen tiefsten Dank auszusprechen.

PRAG 1878.

Dr. Fr. Vejdovský.

I. Allgemeiner Theil.

I. Historische Einleitung.

Die Enchytraeiden gehören nicht zu den Objekten, welche durch Leichtigkeit der Untersuchung und Schönheit der Form zum speciellen Studium einladen; im Gegentheile sind sie eine der schwierigsten Partien für mikroskopische Untersuchungen. Man darf sich daher nicht wundern, dass bisher keine systematische Darstellung der Arten vorhanden war und dass unsere Kenntnisse über die Morphologie und Physiologie ihrer Organe sehr spärlich und unzureichend sind.

Die erste nähere Beschreibung der äusseren Form und einiger Organe rührt von HENLE [1]) her, welcher die Gattung Enchytraeus aufstellte und die Anatomie von E. albidus gab. In seiner Arbeit, in die er allem Anscheine nach mehrere Arten einbegriff (an Fig. 2. 6. von Henle sieht man wenigstens, dass ihm auch E. ventriculosus vorlag) — findet man verlässliche Angaben über den Leibesschlauch (der Cuticula thut er keine Erwähnung) und über das Darmrohr. Bezüglich des Gefässsystems sagt er, dass das Rückengefäss längs des ganzen Darmkanals vorhanden ist, dass es aber von 15. Segment an gegen hinten sehr undeutlich ist, indem es an die Darmröhre gedrückt ist. HENLE sah ganz deutlich alle drei Seitengefässschlingen im vorderen Körpertheile. Nach der damaligen Auffassung betrachtete er die Segmentalorgane als Respirationsorgane. Zuletzt gibt er spärliche und unklare Daten über das Nervensystem und den Geschlechtsapparat.

Später erkannte HOFFMEISTER [2]) im Enchytraeus albidus den von OTTO FRIEDRICH MÜLLER [3]) beschriebenen Lumbricus vermicularis und führte den Speciesnamen E. vermicularis in die Wissenschaft ein. Hoffmeister charakterisirt die Gattung Enchytraeus folgendermassen: „Enchytraeus: Corpus teres, indistincte annulatum annulis angustis, quadrifariam ternis et quaternis pedicellis aequalibus aculeatum. Numerus annulorum a 30 ad 70, diaphragmata laxa, color sanguinis pallidus. Ventriculus musculosus nullus."

Diese Diagnose ist so gut auf einen Enchytraeus als auf eine Nais oder einen anderen weissblütigen Anneliden zu beziehen.

Derselbe Forscher verfolgte einige Lebenserscheinungen des Enchytraeus und schildert auch den Begattungsact desselben. Keinem der späteren Beobachter gelang es dies zu sehen. Über die in der Leibeshöhle flottirenden Borsten bemerkt er richtig: „Etiam in hisce vermibus pedicelli detriti in corpus retrahuntur, non ejiciuntur."

Später beschreibt HOFFMEISTER [4]) eine andere Art unter dem Namen Enchytraeus galba. Diese Art behielt ihren Namen bis auf unsere Tage, obwohl es nicht festgestellt ist, ob HOFFMEISTER den Wurm mit der jetzigen Diagnose vor sich hatte. Wahrscheinlich stellte er alle grösseren, von mir untersuchten Arten unter dem Namen E. galba zusammen. Nach seiner Diagnose könnte man kaum den jetzigen, von LEYDIG, RATZEL und mir begrenzten E. galba erkennen. HOFFMEISTER sucht nämlich das Unterscheidungsmerkmal zwischen E. vermicularis und galba in der relativen Länge der Oberlippe, in der Durchsichtigkeit des Integumentes bei E. galba und in der Dicke der Muskelschicht, welche bei E. galba grösser sein soll, als bei E. vermicularis.

Er charakterisirt nämlich E. galba folgendermassen: „Oberlippe so lang als der erste Ring, fast eben so breit, Zahl der Ringe über 90, Länge 12—14 Linien, Farbe glänzend weiss, am Hintertheil durchscheinend. Die Haut

---

[1]) HENLE: Über Enchytraeus, eine neue Anneliden-Gattung, Müllers Archiv 1837.
[2]) WERNER HOFFMEISTER: De vermibus quibusdam ad genus Lumbricorum pertinentibus; dissertatio inauguralis. Berolini 1842. Pag. 17—20.
[3]) OTTO FRIED. MÜLLER: Historia verm. L. l. pag. 26.
[4]) HOFFMEISTER: Beitrag zur Kenntniss der deutschen Landanneliden. Wiegm. Arch. f. Naturg. 1843.

ist dicker und starrer als beim vorigen, die Bewegungen daher ungelenk, madenähnlich, er kann sich auch nicht in einen engen Kreis zusammenkrümmen. Auch die Dicke ist im Verhältniss weit bedeutender als die des vorigen (E. vermicularis)."

Die Borsten und Geschlechtstheile sollen bei beiden Arten dieselbe Anordnung haben.

Die angegebenen Unterscheidungsmittel sind für eine scharfe Sonderung beider Arten unzureichend.

Im Jahre 1847 wurde die Gattung Enchytraeus durch LEUCKART und FREY [1]) um eine neue Form vermehrt, welche im Moore bei Helgoland aufgefunden worden war. Enchytraeus.spiculus soll sich vorzugsweise durch einen mehr spindelförmigen Körper von den übrigen Arten unterscheiden. Die genannten Forscher geben keine anderen Merkmale an, nach denen man die Art schärfer begrenzen könnte. Indessen scheint es, dass Enchytraeus spiculus einem von CLAPARÈDE beschriebenen Pachydrilus, oder meinem Enchytraeus adriaticus am nächsten steht.

Schon früher thut DUGÈS [2]) eines Oligochaeten Erwähnung, welchen er Tubifex pallidus nennt, und welcher nach späterer Untersuchung von GRUBE [3]) mit dem Enchytraeus vermicularis identificirt wurde.

Seit HENLE's Zeiten erweiterten sich demnach unsere Kenntnisse von der Organisation der Enchytraeiden nur sehr spärlich. Erst mit dem Wiederaufleben der anatomischen Studien über Lumbricus vermehren sich auch die Angaben über die Enchytraeiden. 1856 entstand die von D'UDEKEM [4]) verfasste und von der belgischen Akademie gekrönte Preisschrift über die Anatomie und Entwickelungsgeschichte des Regenwurms. D'Udekem hat dabei andere Oligochaeten verglichen und gab auch einige Beiträge zur Organisation und Entwicklung von Euchytraeus vermicularis und galba. Mit manchen seiner Angaben kann ich nicht übereinstimmen. Dieser Forscher spricht nur von einem Hoden, welcher sich unterhalb des Darmrohres in der Mittellinie des Körpers von 11. bis zum 14. Segment hinziehe und vom Eierstocke invaginirt werde. Weiter sagt er, dass dieses Organ mittelst der Samentrichter mit den Samenleitern in Verbindung stehe. Der Unterschied zwischen E. galba und E. vermicularis liege darin, dass der Samenleiter der letzteren Art weit kleiner ist als bei E. galba.

Es sei ein einziger, den Hoden invaginirender Eierstock vorhanden und enthalte viele in verschiedenen Entwicklungsstadien begriffene Eier. Die Eileiter münden durch zwei, zu beiden Seiten der Samenleiter befindliche Öffnungen nach Aussen. Auf der vorderen Seite besitze der Eierstock zwei andere Öffnungen, durch welche die Samenleiter durchgehen. Die Eierstöcke seien sowohl bei E. galba als bei E. vermicularis gleichartig.

Die heutzutage als Receptacula seminis aufgefassten Organe legt D'Udekem zwischen das 5. und 8. Segment und nennt dieselben „glandes capsulogènes". Dieselben sollen am 5. Segmente ausmünden und durch die Ausführungsgänge mit den von mir als Septaldrüsen gedeuteten Gebilden in Verbindung stehen. In den Seitenloben dieser „glandes capsulogènes" sah D'Udekem rotirende Körnchen. („Dans chaque lobe il y uno cavité où l'on voit des granules qui exécutent un mouvement de rotation constante. Nous ignorons entièrment l'usage de ces lobes.")

Über den Unterschied zwischen E. galba und E. vermicularis im Bezug auf die „glandes capsulogènes" bemerkt er: „Chez l'Enchytraeus vermicularis, la glande capsulogène est très difficile à étudier: nous n'avons pu y distinguer ni les conduits excréteurs ni la couronne des lobes qu'l'entoure à son origine chez l'Ench. galba."

Den Gürtel legt D'Udekem, so wie die nachfolgenden Forscher, bei beiden Arten nur an das 12. Segment. Zuletzt liefert er eine schöne Abbildung des Cocons von Enchytraeus, sowie eines Entwickelungsstadiums desselben.

Aus All dem ist ersichtlich, dass D'Udekem unter den Namen E. vermicularis und galba mehrere Arten zusammenfasste. Doch gibt er in einem anderen Aufsatze [5]) eine Beschreibung einer neuen Art. Dabei hat er als Unterscheidungsmerkmal der Arten die Anordnung der Borsten hervorgehoben und begrenzt die bis jetzt besprochenen Arten folgenderweise: „Chez l'Enchytraeus vermicularis ordinairement l'on trouve quatre crochets dans chaque faisceau, qui tous sont de la même longueur. Chez l'Enchytraeus galba, chaque faisceau contient également d'ordinaire quatre crochets; mais les deux crochets médians sont toujours plus petits que les exterues à peu près de la moitié."

Die neue, Ench. ventriculosus benannte Art, besitzt in jedem Bündel 6—9 Borsten. Im 8. Segment findet man eine bedeutende Darmerweiterung. Dabei erwähnt D'Udekem der zahlreichen Muskeln, mit welchen der Oesophagus im 2., 3. und 4. Segment an die Leibeswand befestigt ist. Seine Abbildungen stellen jedoch die Anordnung dieser Muskeln in einer, von mir weder bei E. ventriculosus noch bei irgend einer anderen Art beobachteten

---

[1]) FREY und LEUCKART: Beiträge zur Kenntniss der wirbellosen Thiere 1847. p. 150.
[2]) DUGÈS : Nouvelles observ. sur la zoologie et l'anatom. d. Annelides abranches sétigères; Ann. d. Scienc. nat. II. Ser. T. VIII. 1837; Tubifex pallidus pag. 33.
[3]) GRUBE : Die Familien der Anneliden.
[4]) D'UDEKEM: Mém. sur l. dévelop. d. Lomb. terrest.; Mém. cour. et mém. des Sav. étrang. Acad. Belg. T. 27. 1856.
[5]) D'UDEKEM : Descript. d'une nouv. esp. d'Enchytraeus. Bullet. d' l'Acad. Belg. T. XXI. 2. P. 1854. pag. 853—864.

Weise dar. Das Rückengefäss zeichnet er ohne Längsherzen längs des ganzen Verlaufes des Darmkanals. D'Udekem erkannte schon, dass das Gehirn aus zwei Hälften zusammengesetzt ist.

Die von D'Udekem aufgenommenen Arten sind:

Intestin { sans dilatation stomacale { corps cylindrique, 4 soies à chaque faisceau. Soies { toutes de même longueur . . . E. vermicularis. les 2 du milieu plus petits . . E. galba. corps fusiforme . . . . E. spiculus. à dilatation stomacale . . . . E. ventriculosus.

In einer später von demselben Verfasser[1]) gegebenen systematischen Übersicht der kiemenlosen Anneliden werden neben den eben angeführten noch zwei neue erwähnt, von welchen eine, E. socialis, von LEYDY in Amerika gefunden, durch ihre magenartige Erweiterung des Darmkanals dem E. ventriculosos entsprechen dürfte. Die zweite von D'UDEKEM E. moniliformis benannte Art wurde unter Fucusmassen am Strande von Ostende aufgefunden; als Hauptmerkmal derselben werden 6—9 in jedem Bündel vorkommende Borsten angeführt.

Hier erachte ich es für nothwendig, auch eines Anneliden zu erwähnen, welcher offenbar zu den Enchytraeiden gehört. Es ist dies der von WILLIAMS[2]) besprochene Lumbricus Jordani, über welchen der genannte Autor zwar keine nähere Angaben liefert, doch darf man aus seinen Abbildungen schliessen, dass er einen Enchytraeus oder vielmehr Pachydrilus Pagenstecheri vor sich hatte. Die Darstellungen der Hoden, Eierstöcke und Samentrichter zeigen wenigstens darauf hin. Übrigens äussert sich WILLIAMS folgendermassen:

„Lumbricus Jordani is a minute worm of pure white colour. The integuments are transparent enough to enable the eye to read the interior organs. The ordinary segmental organs are present, in pair in every annulus of the body; they do not however float freely in the fluid of the general cavity, as in Nais. etc."

Da keine näheren Angaben über die Merkmale des in Rede stehenden Wurmes vorhanden sind, so muss man die Art E. Jordani fallen lassen.

Williams hat die Homologie der Samenleiter mit den Segmentalorganen sowohl bei anderen Anneliden als auch bei Lumbricus Jordani und somit bei den Enchytraeiden nachzuweisen versucht.

Weitaus bedeutender sind zwei Schriftsteller, welche einige Jahre später durch ihre Arbeiten unsere Kenntnisse über die Anatomie der Enchytraeiden vermehrten. Es sind dies BUCHHOLZ[3]) und vor Allem CLAPARÈDE.

Dem erst genannten Forscher stand der durch seine Durchsichtigkeit überhaupt günstige Enchytraeus appendiculatus n. sp. zu Gebote, wobei BUCHHOLZ einerseits zu neuen Resultaten gelangte, andererseits sich einige Unrichtigkeiten zu Schulden kommen liess. Die von Buchholz entdeckten Thatsachen lassen sich kurz in Folgendem zusammenfassen. Die flottirenden sog. Ovarien werden wie die in der Leibeshöhle sich entwickelnden Samenfäden auf die drei unpaaren Geschlechtsdrüsen zurückgeführt, welche früher D'Udekem als „glandes capsulogènes" deutete und sie durch einen Ausführungsgang nach Aussen münden liess. Die Segmentalorgane sollen vom 7. (bei E. ventriculosus vom 4.) Segmente an überall vorhanden sein. Die später von Leydig als einzelligen Hautdrüsen aufgefassten Gebilde werden als Tastkörperchen gedeutet, wohl vorzugsweise deshalb, weil sie an der Oberlippe besonders häufig sind. Der Darmkanal hat dicht hinter dem Oesophagusbulbus zwei ankäuelte Anhangsschläuche, die vielleicht als Speicheldrüsen fungiren. Enchytraeus appendiculatus hat am Darme eine von zahlreichen Gefässen durchzogene blindsackartige Ausstülpung, deren Funktion Buchholz sonst nicht erkannte.

Buchholz lieferte ausser diesen anatomischen Angaben auch eine Übersicht der bei Königsberg vorkommenden Arten, indem er sie schärfer, als die früheren Forscher begrenzte, hauptsächlich aber die Form der Borsten berücksichtigte. Dadurch verkannte er jene Arten, welche vor ihm unter dem Namen Euch. vermicularis besprochen wurden. Es scheint mir nötig die Beschreibung der Buchholz'schen Arten zu reproduciren, um die Richtigkeit seiner Angaben beurtheilen zu können.

„1) *E. appendiculatus* Buchh.

Körper sehr lang gestreckt, fadenförmig. Körperlänge der ausgewachsenen geschlechtsreifen Individuen kaum je grösser als 1 Centim. Borsten gewöhnlich je 4 in einem Bündel schmal, schwach sichelförmig gekrümmt von gleicher Länge. Darmkanal an der Stelle, wo der Oesophagus in ihn einmündet, im 7. Körpersegment mit einem konischen

---

[1]) D'UDEKEM: Nouv. classific. des Annélid. sétifér. abranches. Mém. cour. et mém. Sav. étr. Acad. Belg. T. XXXI. 1859.
[2]) THOMS. WILLIAMS: Research. on the Structure and Homology of the reproduct. organs of the Annelids. Philosoph. Transact. of the Royal Society of London. Vol. 148. 1858. pag. 101.
[3]) BUCHHOLZ: Beitr. z. Anat. d. Gatt. Euchytraeus, nebst Angabe der um Königsberg vorkommend. Formen derselben. Schrift. d. kön. Phys. Ökonom. Gesellsch. zu Königsberg 1862.

zipfelförmigen blindsackartigen Divertikel versehen, an dessen nach vorn gerichtete Spitze das Rückengefäss angeheftet ist. Lymphkörperchen von zweierlei Art, die grössere Form scheibenförmiger Zellen, welche bei den übrigen Arten fast allein bemerkt wird, nur sehr vereinzelt, dagegen in grosser Menge kleinere elliptische homogene Körperchen im Chylus suspendirt.

Gürtel im 8. Segment, Papille in der 7. Borstenreihe.

2) *E. vermicularis Hoffm. (albidus Henle).*

Körperform und Grössenverhältnisse vollkommen mit der vorigen Art übereinstimmend. Die Borsten ebenfalls gewöhnlich zu je 4, schwach sichelförmig gekrümmt, gleich lang. Integumente sehr zart. Darmkanal gerade ohne Spur einer Erweiterung oder eines Anhanges. Kleinere Lymphkörperchen scheinen meist gar nicht vorzukommen.

Gürtel im 11. Segment, Papille zwischen der 10. und 11. Borstenreihe.

3) *E. ventriculosus D'Udekem.*

Borsten meist mehr als 4, in einem Bündel meist 5—8, dicker, ganz gerade, gleich lang. Der Oesophagus bildet im 8. Segment, kurz bevor er in den eigentlichen Darm übergeht, eine kugelige magenartige Erweiterung. Kleinere Lymphkörperchen konnten nicht bemerkt werden.

Gürtel und Papille im 11. Segment.

4) *E. galba Hoffmeister.*

Diese Art unterscheidet sich schon leicht durch die sehr viel bedeutendere Grösse. Die Länge beträgt meist etwas über 2 Cm. bei ziemlich 1^{mm} Dicke. Integumente sehr dick. Borsten ganz gerade, meist 4 in einem Bündel von gleicher Länge, beträchtlich grösser und weniger schmal als bei E. vermicularis.

Darm gerade ohne Erweiterung. Kleinere Lymphkörperchen sehr vereinzelt.

Gürtel und Papille im 11. Segment."

Aus der angezogenen Beschreibung sieht man, dass es eigentlich zwischen E. vermicularis und galba keinen Unterschied gibt.

Nun sind die in so hohem Grade werthvollen Arbeiten von ED. CLAPARÈDE zu nennen, durch die ganz neue Anschauungen über die Organisation der Enchytraeiden gewonnen wurden. In der ersten Arbeit[1]) behandelt Claparède den äusseren und inneren Bau von Pachydrilus, einer neuen, dem Enchytraeus nächst verwandten Gattung, welche er in 5 Arten in Holy Island im Meere auffand. Nach seiner Schilderung soll die neu aufgestellte Gattung unpaarige Geschlechtsdrüsen besitzen, welche sich dicht hintereinander an der Rückenfläche des vorderen Körperendes befinden und ihren Inhalt durch Dehiscenz der Wandungen in die Leibeshöhle entleeren. Die Segmentalorgane entwickeln sich zu Samenleitern. Der Bauchstrang soll ohne Ganglien und Seitenzweige sein. Das Rücken- und Bauchgefäss sind in jedem Segment durch Seitengefässchlingen verbunden. Die von D'UDEKEM als „Glandes capsulogènes" und von Buchholz als Keimdrüsen aufgefassten Gebilde, betrachtet Claparède als 4 Paare Speicheldrüsen vom 3.—6. Segment. Er spricht zum erstenmale die Vermuthung aus, dass der von LEUCKART und FREY beschriebene Ench. spiculus der Gattung Pachydrilus angehören dürfte.

Die von Claparède aufgestellten Arten sind zumeist auf der Form der Samenleiter, resp. der Samentrichter und auf einigen anderen minder wichtigen Merkmalen gegründet. Der Form des Gehirnes thut er keine Erwähnung. Die Arten von Holy Island sind:

1. Pachydrilus semifuscus,
2.   „   crassus,
3.   „   verrucosus (Pach. Pagenstecheri?)
4.   „   lacteus,
5.   „   ebudensis.

In einem anderen Werke[2]) widmete Claparède seine Aufmerksamkeit der Gattung Enchytraeus.

Die Gattungsdiagnose ist diese:

„Oligochètes munis d'une seule paire de receptacles séminaux s'ouvrant au Vme segment, d'une paire de canaux déférents s'ouvrant au XIIme et d'une paire d'oviductes (?) s'ouvrant également au XIIme. Pas de vésicules

---

[1]) ED. CLAPARÈDE: Étud. anatom. s. l. Annél., Turbell. Opal. et Grégar. observ. dans. les Hebrides. Mém. d. l. Société d. Physique et d'hist. nat. Tom. XVI. 1862.

[2]) ED. CLAPARÈDE: Recherch. Anatom. s. l. Oligochètes. Mém. d. l. Soc. d. Physique et d'hist. nat. d. Genéve T. XVI. 1862. pag. 270—275. Tab. II.

séminales, ni d'anses vasculaires dilatées en coeur. Pas d'estomac musculeux. Sang incolore. Soies rectilignes ou légèrement recourbées à l'une des extrémités et distribuées en grupes nombreux formant deux rangées de chaque côté du corps. Ligne dorsale communiquant avec l'extérieur par des ouvertures."

Diese Diagnose ist nur insofern unrichtig, als Claparède die Samentaschen auf das 5., die Eileiter auf das 12. Segment legt. Im Ganzen hat er aber die Irrthümer D'Udekems berichtigt; die Eierstöcke betrachtet er als zahlreich und in der Leibeshöhle flottirend. Der Gürtel soll nur am 12. Segment vorkommen; wohl aber wird auch die Vermuthung ausgesprochen, dass dasselbe eigentlich aus 2 Segmenten zusammengesetzt ist. Die Segmentalorgane werden von Claparède zuerst richtig dargestellt.

Den Unterschied zwischen Enchytraeus und Pachydrilus findet Claparède darin, dass die erstgenannte Gattung weisses, die andere rothes Blut besitzt; Enchytraeus lebt in der Erde, Pachydrilus im Meere; dieser enthehrt der Rückenporen, welche für jenen auf jedem Segment in der hinteren Körperpartie eigenthümlich sind.

Gleichzeitig mit den besprochenen Beobachtungen erschien auch die Arbeit LEYDIG's[1]) über das Nervensystem der Anneliden, worin er bemerkt, dass er nie einen Ench. vermicularis gefunden hat. Dagegen stimmt dieser Forscher nicht mit der Diagnose von E. ventriculosus D'Ud. Er selbst führt folgende Unterschiede zwischen E. galba und ventriculosus an:

Enchytraeus galba:	*Ench. ventriculosus:*
Der ganze Wurm härter,	Der ganze Wurm weicher,
rein walzig und schmal,	etwas platt und breiter,
vordere Körperhälfte grau mit weissen Punkten (Eier),	vordere Körperhälfte erst grau, dann gelblich,
hintere Körperhälfte stark durchscheinend,	hintere Körperhälfte weniger durchscheinend,
Bewegungen etwas steif,	Bewegungen sehr agil, schiebt sich rasch hin und zurück,
Sattel schwach,	Sattel viel stärker (gewölbter und länger),
Borsten mehr gerade, die mittleren der Einzelbüschel kürzer;	Borsten stark und gekrümmt, in einem Büschel alle gleich lang;
freies Ende stumpf.	freies Ende spitz.

In der angezogenen Arbeit bedient sich Leydig noch des Namens Euch. ventriculosus; doch später in seiner ausgezeichneten vergleichenden Anatomie[2]) bildet er daraus eine neue Art unter dem Namen Ench. latus. Hier thut Leydig einigemal des Nervensystems der Enchytraeiden Erwähnung. Bei E. galba sah er, dass das Gehirnganglion keinen paarigen Charakter hat, während bei E. latus dieses Organ paarig gebaut ist. „Bei E. galba setzt sich zwischen je zwei der länglichen Hauptganglien des Bauchmarkes ein kurzes rundliches Ganglion ab. Bei E. latus entspringen aus dem Gehirn keine Nerven; der erste Nerv vielmehr, welcher zunächst der Medianlinie sichtbar ist und dem starken oberen Gehirnnerven bei Lumbricus, Lumbriculus, Stylaria entspricht, kommt schon aus der Seitenkommissur."

LEYDIG hat zuerst sowohl bei E. galba als auch bei E. latus auf der Rückenfläche der Oberlippe, nahe dem vorderen Rande eine ganz deutliche Öffnung der Haut wahrgenommen, durch welche der Innenraum des Kopfes und folglich auch die Leibeshöhle mit der Aussenwelt in Verbindung gesetzt werden kann.

Später hat Claparède das Vorhandensein dieser Öffnung bezweifelt.

Schliesslich sind die Arbeiten RATZEL's[3]) über die Gattung Euchytraeus zu besprechen. Die erste derselben enthält namentlich Bemerkungen über das Schlundnervensystem, die Samentaschen und Speicheldrüsen. Die von D'Udekem als „glandes capsulogènes", von Buchholz als Keimdrüsen und von Claparède als Speicheldrüsen gedeuteten Gebilde sollen mit Schlundkommissuren durch Nervenstämme zusammenhängen und werden somit für Ganglienpaare erkannt. — Die jüngsten Stadien der Samentaschen sollen bei allen Arten einfache Schläuche darstellen, die später mit 4—5 kurzen Ausstülpungen versehen werden. Die Samenfäden werden durch das Flimmerepithel zu einem ovalen Ballen verfilzt. Die Samentaschen seien metamorphosirte Segmentalorgane. Die Speicheldrüsen seien nur verästelt.

In einer anderen Arbeit bespricht Ratzel zweierlei Arten der Eibildung bei Enchytraeus. Vom Gefässsystem sagt er, dass das Rücken- und Bauchgefäss in jedem Segment nur mit einer Gefässschlinge verbunden sind. Ratzel

---

[1]) LEYDIG: Ueber das Nervensyst. d. Annelid. Müll. Arch. 1863. S. 90—124.
[2]) LEYDIG: Vom Bau des thierischen Körpers. I. Bd. I. Hälfte. 1864. Tübingen.
— Tafeln z. vergleich. Anatomie. I. Heft. Taf. IV. Fig. 2—4.
[3]) FRITZ RATZEL: Beiträge z. Anatomie von Enchytr. vermicularis. Henle, Zeitschrift f. wissensch. Zool. Bd. XVIII. pag. 105—109.
— Beiträge z. anatom. u. system. Kenntniss der Oligochaeten. Zeitsft. f. wissensch. Zool. Bd. XVIII. p. 563.
— Histolog. Untersuch. an nied. Thieren. Zeitschft f. wissensch. Zool. Bd. XIX. pag. 257—279.

setzt nämlich voraus, dass das Rückengefäss im ganzen Verlaufe des Körpers vorhanden sei. Im vorderen Körperende 2 Gefässschlingen.

Ratzel stellte sämmtliche ihm bekannte Arten zusammen und versucht auch die Gattung Pachydrilus mit Enchytraeus zu vereinigen.

Von Enchytraeus vermicularis wird keine Erwähnung mehr gethan; dagegen wird Enchytraeus ventriculosus unter dem Namen E. latus angeführt. Die übrigen von Ratzel aufgestellten Arten sind:

1. Enchytraeus Pagenstecheri Ratzel.
2.   „   latus Leydig.
3.   „   galba Hoffm.
4.   „   albidus Henle.

Enchytraeus Pagenstecheri gehört offenbar zur Gattung Pachydrilus, welche sich keinesfalls mit dem Enchytraeus vereinigen lässt.

Dass indessen die Gattung Pachydrilus auch im süssen Wasser vorkommt, hat CLAPARÈDE [1]) durch die Aufstellung der Art P. Krohnii nachgewiesen. Aus der Beschreibung Claparèdes kann ich aber nicht ersehen, ob diese Art mit irgend einem meiner Pachydrilen übereinstimmt. Es wäre nötig diese Art noch einmal zu untersuchen.

Übersicht der übrigen an verschiedenen Orten beschriebenen Arten.

1. Enchytraeus juliformis Kessler [2]).
2.   „   annellatus Kessler.
3.   „   jaltensis Tscherniavsky [3]).
4.   „   triventralopectinatus Minor [4]).

Die Diagnosen dieser Arten sind sämmtlich unzureichend, um sie danach wieder zu erkennen. Deshalb erfordern auch sie nochmalige Untersuchungen. Nach einer brieflichen Mittheilung von Herrn TAUBER in Kopenhagen erfahre ich, dass Enchytraeus triventralopectinatus mit OERSTEDTS Nais littoralis übereinstimmt.

---

[1]) ED. CLAPARÈDE: Histologische Untersuch. über den Regenwurm. Zeitsch. f. w. Zool. Bd. XIX. pag. 571.
[2]) Beilage zu den Abhandlung. der Petersburger Naturforscherversammlung. — Leuckart's Berichte 1871. pag. 68.
[3]) Protocolle der Moskauer naturf. Versamml. — Leuckart's Berichte 1871. pag. 69.
[4]) C. MINOR: On natural and artificial section in some chaetopod annelids. Ann. and. Mag. nat. hist. T. XI. p. 323—331.

II. Vom Bau der Enchytraeiden im Allgemeinen.

1. Äussere Gestalt und Leibesschlauch.

Der Körper der Enchytraeiden ist insgesammt hart, walzig, bei einigen Arten sehr schwach plattgedrückt, oder — besonders in den hinteren Regionen — vierkantig. Die ihn zusammensetzenden Segmente sind im ganzen Verlaufe von gleicher Länge, nur die letzten zeichnen sich durch allmälige Verkürzung und undeutliche Abgrenzung aus. Das erste Segment — der Kopflappen — kann man im Bezug auf seine Form nicht als Unterscheidungsmerkmal einzelner Arten betrachten. Es erscheint bei allen Arten stumpf dreiseitig, bei Anachaeta kegelförmig, bei einer und derselben Art oft von sehr variablen Dimensionen. Bei Anachaeta besitzt der Kopflappen eine Öffnung, — den Porus cephalicus — wodurch die Leibeshöhle mit der Aussenwelt in Verbindung gesetzt wird; diese Öffnung, welche sonst bei den meisten Oligochaeten und manchen Polychaeten an der Spitze des Kopflappens vorkommt, liegt bei der Gattung Enchytraeus und Pachydrilus auf der Rückenseite zwischen dem Kopf- und Mundsegment.

Der Mund liegt, wie bei den übrigen Anneliden, an der Ventralseite zwischen dem Kopf- und Mundlappen. Das letzte Segment ist abgestutzt und trägt an seinem Ende den After. Die Borsten liegen an jedem Segmente in vier Bündeln, von denen zwei an den Seiten des Körpers, die anderen zwei am Bauche zu beiden Seiten des Bauchstranges liegen.

Der äussere Leibesschlauch besteht aus Cuticula, Hypodermis, Muskelschicht und Peritonaeum. Diese Schichten sind einzeln zu besprechen.

A. Cuticula.

Die Cuticula zeichnet sich durch ihre Dicke und Festigkeit aus, wodurch sie alle übrigen Limicolen übertrifft. Die grösste Dicke erreicht sie bei Anachaeta, wo sie 0·007 $^{Mm.}$ misst; bei anderen Arten, welche namentlich in feuchter Erde oder im Wasser ihr Leben zubringen, ist die Cuticula weit dünner und feiner. So beträgt die Dicke
bei Enchytraeus humicultor   0·0038 $^{Mm.}$
„   Buchholzii   0·0018 $^{Mm.}$
Pachydrilus sphagnetorum   0·0029 $^{Mm.}$

Die Dicke der Cuticula bei Anachaeta wird jedenfalls durch den trockenen Aufenthaltsort dieser Gattung bedingt. Die Cuticula ist am ganzen Körper mit Ausnahme des Gürtels von gleicher Dicke; an diesem ist sie weit dünner, fast rudimentär, indem sie durch die mächtig entwickelten Hypodermisdrüsen verdrängt wird. Die Cuticula ist ebenso wie bei allen Anneliden von grösseren und kleineren Porencanälen durchbohrt, welche die Hypodermisdrüsen mit der Aussenwelt verbinden. Zu den kleineren gehören jene Porencanäle, welche mit den gewöhnlichen Hypodermisdrüsen in Verbindung stehen und zumeist an den vordersten Segmenten und am Gürtel verbreitet sind. Wie diese Drüsen, so stehen auch ihre Canälchen in parallel verlaufenden Querreihen an jedem Segmente.

Die grösseren Canälchen beobachtete ich auf der Rückenseite der Anachaeta. Diese setzen zweierlei Arten Drüsen mit der Aussenwelt in Verbindung; man sieht (Taf. I. Fig. 2. c) helle und deutliche Porencanäle, welche zu den später zu beschreibenden *hyalinen* oder *Intersegmentaldrüsen* und zu den sogenannten *Chlorophylldrüsen* führen.

Dieselbe Grösse und vielleicht auch Bedeutung haben bei der genannten Gattung jene Canälchen, welche die grossen, als nicht entwickelte Borsten zu betrachtenden Zellen (Taf. I. Fig. 4. *ca*) mit der Aussenwelt verbinden.

Noch grösser sind aber die in der Medianlinie der Rückenseite bei der Gattung Enchytraeus befindlichen Poren (Taf. V. Fig. 6 *pd*), welche nicht nur die Cuticula, sondern auch den übrigen Leibesschlauch durchbrechen und die später bei der Leibeshöhle zu besprechen sind. Zu derselben Kategorie ist morphologisch auch der Porus cephalicus bei allen Gattungen der Limicolen zu zählen.

Am optischen Längsschnitt erscheinen bei Anachaeta, wo die Cuticula die dickste ist, dunkle Längslinien, welche wohl als die, die Cuticula zusammensetzenden Schichten zu betrachten sind. Bei anderen Arten der Gattung Enchytraeus beobachtete ich schwache Andeutungen von schräg sich kreuzenden Linien.

Die Cuticula schlägt sich an manchen Stellen in den Körper ein und bildet dadurch dickere cuticulare Säume um die äusseren Öffnungen der Segmentalorgane, Samenleiter und Eileiter. Bei der Bildung der Samentaschen stülpt sich die Cuticula gänzlich nach innen und setzt sich als eine innere, dünne Cuticularmembran dieser Organe fort. Nebstdem bildet die Cuticula eine den einzelnen Borsten fest anliegende Scheide, welche sich nach der Leibeshöhle zu verliert (Taf. XIII. Fig. 13. und 15.). Die retractilen Penes sind ebenfalls als Cuticulargebilde anzusehen. (Taf. VIII. Fig. 9♂).

Die Cuticula schlägt sich endlich auch in die Mundhöhlung und namentlich zur Bildung des Mastdarms ein; es geschieht dies zugleich mit der Einstülpung der Hypodermis. Über die Cuticula der Enchytraeiden finden wir nur von BUCHHOLZ spärliche Angaben bei E. appendiculatus.

B. Hypodermis.

Unter der Cuticula umhüllt den ganzen Körper eine dicke und in einzelnen Körperregionen verschieden sich gestaltende Hypodermis. Sie ist aus Epithelzellen zusammengesetzt, welche mit Kernen versehen, bei hoher Einstellung als ein Pflastercpithel erscheinen (Taf. V. Fig. 7.). An jedem Segmente bilden diese Zellen gewisse gürtelförmige Reihen, welche durch die Intercellularmasse von einander getrennt sind. Man findet in einer solchen Reihe 2—3 Zellengürtel (Enchytraeus humicultor Taf. V. Fig. 7), oder nur einen einfachen Ring, wo aber selbst die einzelnen Elemente durch die Intercellularmasse getrennt erscheinen (Enchytraeus Buchholzii Taf. III. Fig. 9.). Der letzt genannte Fall kommt übrigens bei allen Arten vor, bei denen sich an den ersten Segmenten die Hypodermisdrüsen entwickeln.

An Quer- und optischen Längsschnitten erscheint die Hypodermis in verschiedener Form. Im gewöhnlichsten Falle sind die Zellen cylindrisch; in diesen liegt dann der Kern und das Kernkörperchen der ganzen Reihe nach in gleichem Niveau. Als Beispiel führe ich die Hypodermis von Anachaeta (Taf. I. Fig. 2. *hs*), wo diese Schicht eine Dicke von 0·010 $^{Mm.}$ erreicht, und von Enchytraeus humicultor (Taf. V. Fig. 6 *hp*) an. Anders gestalten sich die Zellen in der Hypodermis von Pachydrilus Pagenstecheri (Taf. XIV. Fig. 4 *hp*.); dieselben sind von verschiedener Grösse und ihre Kerne liegen deshalb nicht in demselben Niveau. Doch findet man eine Regel in der Anordnung dieser Zellen! Sie sind nämlich gruppenweise in einer homogenen, sehr spärlich granulösen Intercellularmasse eingebettet; jede Gruppe besteht aus drei, mit homogenem, glänzendem Inhalte und Kernen und Kernkörperchen versehenen Zellen, wovon die mittlere die grösste ist, und ihr Kern liegt daher etwas höher, als der der beiden seitlichen kleineren Zellen.

Die grössere Zelle vertritt hier die Funktion einer Hypodermisdrüse und mündet in einem feinen Kanälchen durch die Cuticula nach aussen (Taf. V. Fig. 4. *ca*).

Auch bei anderen Arten gestalten sich einzelne Hypodermiszellen zu einzelligen Drüsen, welche zumal an den vordersten 5 Segmenten als glänzende, gezackrandige Gebilde in vielen Reihen die einzelnen Segmente umgeben. Bei Enchytraeus Leydigii (Taf. IX. Fig. 11. *hd*.) kommen diese Drüsen am ganzen Körper vor.

Die Hypodermiszellen entwickeln sich jedoch an manchen Stellen als ein langes, mit feinkörnigem Inhalte gefülltes Säulenepithel, wie es CLAPARÈDE bei manchen Meeresanneliden beschrieben. Man findet diese Eigenthümlichkeit namentlich im Kopfsegmente, wo die Hypodermiszellen tief in seine Höhle eindringen z. B. Enchytraeus adriaticus (Taf. XII. Fig. 13.) und Anachaeta (Taf. II. Fig. 1. *hp*).

Zu derselben prismatischen Form modificiren sich die Hypodermiszellen auch auf anderen Körperregionen, wobei sie manchmal die Drüsennatur annehmen. So tritt dies ein in der Umgebung der äusseren Öffnung der Samentaschen und Samenleiter; bei Anachaeta findet man rings um die Mündung der Receptacula seminis grosse Drüsen (Taf. I. Fig. 13. *ds*), welche nichts anderes als modificirte Hypodermiszellen darstellen. Dasselbe kommt auch bei Pachydrilus Pagenstecheri (Taf. XIV. Fig. 11. *gd*) und Enchytraeus Buchholzii (Taf. III. Fig. 12a. *gl*) vor. Nicht selten entwickeln sich nur zwei, manchmal sogar nur eine Zelle vor der Mündung der Samentaschen, zuweilen erscheint eine dieser Drüsen viel grösser, als die andere (Enchytraeus begemon (Taf. XII. Fig. 4 *hd*.).

Die besprochene Modificirung der Hypodermiszellen findet auch rings um die Mündung der Samenleiter statt. Bei Anachaeta (Taf. I. Fig. 11. *ss*) vergrössern sich die die Mündungstelle der Samenleiter umgebende Hypodermiszellen zu grossen, mit granulirtem Inhalte gefüllten, prismatischen Säulen, welche wahrscheinlich die Funktion der Prostatadrüsen annehmen. Ähnliche Erscheinung bietet die Samenleitermündung bei Enchytraeus Buchholzii (Taf. III. Fig. 11. *pr*) und Pachydrilus Pagenstecheri dar.

Die letzt besprochenen drüsigen Gebilde behalten die Form gewöhnlicher Hypodermiszellen. Anders gestalten sich die Drüsen, die als modificirte Hypodermiszellen in der Mittellinie des Rückens bei Anachaeta und im Gürtel aller Enchytraeidengattungen vorkommen.

Bei Anachaeta geht die Verwandlung der Hypodermiszellen zu Drüsen in doppelter Weise vor sich. Am lebenden Thiere sieht man an der mittleren Zone um jedes Segment einige glänzende, kegelförmige Drüsen, welche schon durch ihre grüne Farbe auffallen (Taf. I. Fig. 2. *cg*). Bei starker Vergrösserung wird man gewahr, dass hier eine Gruppe kleiner Drüschen vorhanden ist, welche gegen die Oberfläche der Hypodermis in ein dünnes Kanälchen auslaufen und durch die Cuticula nach aussen münden. Durch Anwendung von Reagentien wurde das Vorhandensein von Chlorophyll in diesen Drüsen festgestellt, weshalb ich dieselben *Chlorophylldrüsen* nenne. Bei der Gattung Enchytraeus und Pachydrilus habe ich keine Spur von diesen Gebilden beobachtet.

Anders verhält sich die Form und der Inhalt anderer Drüsen bei derselben Gattung. Diese kommen nur in der Rückenlinie in der Intersegmentalfurche vor (Taf. I. Fig. 2 *gb*), und stellen helle, glänzende, elliptische, mit homogenem Inhalte gefüllte Säckchen dar, die mittels feiner Canälchen nach aussen münden.

Gebilde von der Form der zuletzt beschriebenen Drüsen erwähnt LEYDIG[1]) bei Phreoryctes Menkeanus; ich fand dieselben bei Rhynchelmis[2]). Sie stellen aber hier gewöhnliche Hautdrüsen dar. Andererseits halte ich für ein Analogon der hyalinen Intersegmentaldrüsen bei Anachaeta die Gebilde, welche CLAPARÈDE[3]) in der Hypodermis des Chaetopterus entdeckte; dieselben sollen ebenso mit einem homogenen Inhalte gefüllt sein und die Phosphorescenz des Thieres verursachen. Ich habe an Anachaeta keine Beobachtungen angestellt und kann mich deshalb über die Bedeutung der besprochenen Drüsen nicht aussprechen.

Die *Gürteldrüsen* sind in ihrer Entwicklung und Form ebenso interessant, wie die beschriebenen Drüsen bei Anachaeta. Der Gürtel entsteht bekanntlich erst mit der Geschlechtsreife; vordem waren die Hypodermiszellen des 12. und der vorderen Hälfte des 13. Segmentes, wo der Gürtel entsteht, völlig gleich mit denen der übrigen Körperregionen. An der Bildung des Gürtels betheiligt sich nur die Hypodermis.

Der entwickelte Gürtel der Enchytraeiden enthält verschiedene Elemente. Vor Allem sieht man da die Intercellularmasse, welche namentlich bei Anachaeta in regelmässigen Reihen und Zonen hervortritt (Taf. I. Fig. 5), dann helle, im Picrocarmin sich nicht färbende, in Längs- und Querreihen verlaufende Linien. Hier nehmen an der Bildung des Gürtels sämmtliche Zellen des 12. und der ersten Hälfte des 13. Segmentes Theil. Die Hypodermiszellen füllen sich insgesammt um den Kern und das Kernkörperchen mit grobkörnigem, lichtbrechendem Inhalte und indem sie durch ihre mächtige Entwickelung aneinander rücken, entwickeln sie sich zumeist zu viereckigen, den Gürtel der Anachaeta charakterisirenden Drüsen.

Eine andere Entwickelungsweise des Gürtels zeigt Enchytraeus Buchholzji (Taf. III. Fig. 8 *a*, 8 *b*). Hier erscheint eine granulirte Intercellularmasse mit anscheinend unregelmässig zerstreuten Kernen; bei genauerer Untersuchung wird man aber gewahr, dass jeder Kern für sich allein zwischen zwei, zumeist viereckigen lacunenartigen, mit homogenem Inhalte und Kern und Kernkörperchen versehenen Zellen liegt. Man ersieht daraus die Genesis des Gürtels: eine Zelle entwickelte sich zu einer grossen Alveole, wobei sie sich mit homogenem Inhalte füllte und zugleich auch den Kern und das Kernkörperchen behielt. Durch ihre enorme Entwickelung verdrängte sie die Nachbarzellen zur Oberfläche, wobei die Grenzen der letzteren verloren giengen und nur mehr die Kerne und Kernkörperchen ihr Vorhandensein verrathen.

Diese Zellen liegen bei Enchytraeus Buchholzii in regelmässigen Reihen, wie die einzelligen Drüsen bei manchen Arten in der Hypodermis der vorderen Körpersegmente (z. B. bei E. Leydigii). Meist entwickeln sich aber die Gürtelalveolen in unregelmässigen Gruppen und verlieren völlig den Kern und das Kernkörperchen, so dass sie dann die Structur heller, lichtbrechender Fenster annehmen. So bei Enchytraeus galba (Taf. VII. Fig. 8 *a*), E. Perrieri (Taf. VIII. Fig. 6 *a*) u. a.

Bei Enchytraeus lobifer (Taf. IX. Fig. 6.) behalten die Alveolen nicht nur den Kern und das Kernkörperchen, sondern auch in der nächsten Umgebung derselben ein granulöses Protoplasma. In den Alveolen von E. ventriculosus findet man keinen Kern, sondern sind dieselben in den centralen Partien mit einem grobkörnigen Inhalte gefüllt, welchen wieder ein helles Protoplasma umgiebt (Taf. VI. Fig. 9. *d*). Einen interessanten Anblick bietet der Gürtel von E. Leydigii. Hier entwickelt sich jede zweite Zelle zu einer grossen, mit körnigem Inhalte, einem Kerne und Kernkörperchen versehenen Alveole, wogegen ihre Nachbarzellen bei der enormen Entwicklung den Kern und das Kernkörperchen verlieren und sich mit homogenem Inhalte füllen. Der Gürtel dieser Art ist ähnlich einem Damenbrette (Taf. IX. Fig. 10.); die vierkantigen granulirten Drüsen stechen von den lichtbrechenden Alveolen ab.

Was die Grösse der Alveolen anbelangt, so fand ich dieselben bei den meisten Arten sehr entwickelt. Einerseits erheben sie sich über das Niveau der Hypodermis der übrigen Segmente, andererseits dringen sie tief in die Leibeshöhle hinein und verdrängen die Muskelschicht. Die Länge der Alveolen beträgt

bei E. Leydigii . . . . . . 0·014—0·023 Mm.
" E. ventriculosus . . . . 0·015 Mm.
" E. Perrieri . . . . . . 0·019 Mm.
" Anachaeta Eisenii . . . . 0·033 Mm. breit, 0·018 lang.

CLAPARÈDE[4]) hat bekanntlich den Ursprung dieser Alveolen in der Intercellularmasse gesucht, und nennt dieselben daher *Intercellulardrüsen*, während sie nach meinen Untersuchungen als modificirte einzellige Hypodermisdrüsen anzusehen sind.

---

[1]) LEYDIG: Ueber Phreoryctes Menkeanus. Arch. mikrosk. Anatomie. Bd. I. 1865.
[2]) VEJDOVSKÝ: Anatom. Stud. an Rhynch. Limosella. Z. f. w. Z. Bd. XXVII. 1876.
[3]) CLAPARÈDE: Rech, s. l. Struct. d. Annél. Sédent. 1873.
[4]) " Histologische Stud. über den Regenwurm. etc.

Mit Ausnahme der gelegentlichen Bemerkungen von BUCHHOLZ und CLAPARÈDE sind über die Hypodermis der Enchytraeiden nur sehr spärliche und dürftige Angaben hie und da zu finden. BUCHHOLZ beschreibt die Hypodermis (Epidermis) als höchst undeutlich zellig. Er hat zum erstenmale auf die später von LEYDIG als Hautdrüsen gedeuteten „eigenthümlichen", von ihm Tastkörperchen genannten Gebilde der Hypodermis aufmerksam gemacht. CLAPARÈDE[1]) hat die Hypodermisstructur bei Pachydrilus Krohnii verfolgt und schildert dieselbe folgendermassen: „Hier stehen die 10—15 Mmm. breiten Maschenräume viel mehr von einander ab als bei Lumbricus. Die ovalen, circa 5 $^{Mmm.}$ langen Kerne sind in den verhältnissmässig viel breiteren Balken sehr zahlreich zerstreut."
LEYDIG[2]) fand die Zellen der Hypodermis (Matrix der Cuticula) in der Oberlippe länger als im übrigen Körper. Auch behandelt er die Hypodermisdrüsen[3]) genauer.

C. Muskelschichten und Peritonaeum.

Die unter der Hypodermis befindliche Quermuskelschicht zeigt am Querschnitte bei den verschiedenen Arten eine sehr schwankende Dicke. Die einzelnen Muskelfaserchen sind parallel neben einander gelagert, und lassen keine Rinden- und Achsensubstanz erkennen. Die Gefässe fehlen überhaupt sowohl in der Quer- als in der Längsmuskelschicht. Die von RATZEL erwähnten Lücken in der Quermuskelschicht zwichen jeder Faser fand ich nur bei Ench. hegemon. Das Bild des Querschnittes, welches RATZEL[4]) von Ench. galba gibt, ist nur schematisch und entspricht nicht der Wirklichkeit; seine *Hirundineenmuskeln*, aus welchen die Quermuskelschicht bestehen soll, erscheinen an guten Querschnitten nicht als Zellen, sondern als wirkliche, im ganzen Umfange des Körpers ununterbrochen verlaufende Muskelbänder (Taf. XI. Fig. 1. *qm*, Taf. IV. Fig. 0. 7. *qm*, Fig. 5. *b*). Wie sich nun die Quermuskelschicht zu den, die beiden Muskelschichten unterbrochenen Borstenbündeln verhält, wird an anderer Stelle näher besprochen werden.

Die Dicke der Quermuskelschicht bei den einzelnen Arten beträgt:

Enchytraeus humicultor 0·007 $^{Mm.}$
" leptodera 0·008 $^{Mm.}$
" hegemon 0·0045 $^{Mm.}$

Die Längsmuskelschicht bildet bei den Enchytraeiden eine ziemlich dicke, unter der Quermuskelschicht befindliche Lage. Sie ist jedoch nicht so zusammenhängend wie die Quermuskelschicht, wenn auch nicht ohne die sogenannte ventrale Furche, wie es RATZEL[5]) gesehen zu haben glaubt. Nebst den durch die Borstenbündel und durch die bei der Gattung Enchytraeus vorkommenden Rückenporen hervorgebrachten Lücken in der Längsmusculatur eines jeden Segmentes findet man eine continuirliche, an der Bauchseite sich hinziehende tiefe Furche, oberhalb welcher sich der Bauchstrang erstreckt, und welche durch die aus der Quermuskelschicht abgelösten Muskelbänder und durch die Entwicklung des Bauchstranges entsteht (Taf. IV. Fig. 5. *e*). Dieser Punkt ist später bei der Beschreibung des Nervensystems eingehender zu besprechen. Was die Dicke der Längsmuskelschicht anbelangt, so habe ich bei einigen Arten folgende Dimensionen gefunden:

Enchytraeus hegemon 0·032—0·037 $^{Mm.}$
" leptodera 0·024—0·029 $^{Mm.}$
" humicultor 0·025—0·03 $^{Mm.}$

Die diese Schichte zusammensetzenden Muskeln wurden von RATZEL als *nematoide Muskeln* gedeutet und thatsächlich erinnern sie sehr an die von SCHNEIDER beschriebenen Muskeln der polymyaren Nematoden.

Die bindegewebsartige, an den Kernen leicht zu unterscheidende Membran, welche mit dem Namen Peritonaeum belegt worden ist, kleidet nicht nur die Längsmuskelschicht, sondern auch den Darm, die Dissepimente, Samentaschen und andere Organe aus. Über ihre Verhältnisse ist nichts besonderes hervorzuheben.

D. Leibeshöhle.

Von den mit der Leibeshöhle in besonderen Beziehungen stehenden Gebilden verdienen erwähnt zu werden:
a) Dissepimente, *b)* die an diesen in den vorderen Segmenten sich entwickelnden Septaldrüsen, *c)* Mesodermzellen und *d)* Rücken- und Kopfporen.

a) Die Leibeshöhle wird durch musculöse Stränge — die Dissepimente in einzelne Segmente getheilt. Dieselben beginnen an den Seitentheilen der Leibeswandungen und ziehen sich bis zu den Darmwandungen hin (Taf. V. Fig. 6. *ds*). Niemals konnte ich sie bis zu der Ringmuskelschicht der Leibeswand verfolgen, da sie stets mit der, sie

---

[1]) CLAPARÈDE: Hist. Stud. üb. d. Regenwurm pag. 571.
[2]) LEYDIG: Über Phreoryctes etc. pag. 260.
[3]) — Arch. f. Anat. u. Physiol. 1862. pag. 94. Taf. z. vergl. Anat. Taf. IV. Fig. 2 u. 4.
[4]) RATZEL: Histol. Untersuch. an nied. Thieren Z. Z. Bd. XIX. pag. 265. Taf. XXII. Fig. 13.
[5]) — ebendaselbst etc. pag. 258.

ihrem ganzen Verlaufe nach überziehenden Peritonaelmembran aufhören. Die Dissepimente bilden keine, den Leibesraum durchwegs durchziehende Membran, sondern verlaufen in mehreren Strängen von der Leibeswand bis zum Darm. So sieht man am Querschnitte durch die vordere Körperregion von Ench. hegemon zwei von der Rückenwand nach unten sich erstreckende muskulöse Stränge (Taf. XI. Fig. 1. *ds*), die sich nur in den oberen Partien zu einer membranartigen Scheidewand verbinden (*bg*) und von da aus zahlreiche Muskeln zu den Leibeswandungen entsenden (Taf. XI. Fig. 1. *m*). Die daran befindlichen Septaldrüsen gehen ebenfalls in verschiedene muskelartige Stränge über, die sich an die Speiseröhre ansetzen (*ds'*), oder einen Sphincter zum Durchgange des Bauchgefässes bilden (*ds"*). Die eigentliche Grundsubstanz der Septalstränge besteht aus Muskelfasern, die auf ihrer ganzen Oberfläche von Peritonaeum überzogen sind.

b) Von besonderem Interesse sind die in einigen der vorderen Segmente sich entwickelnden Gebilde, die ich für Septaldrüsen halte. Diese Organe waren schon allen früheren Forschern bekannt, jedoch sehr verschieden aufgefasst. CLAPARÈDE[1]) betrachtete sie als Speicheldrüsen, trotzdem er keine Verbindung derselben mit der Speiseröhre fand. D'UDEKEM[2]) liess sie mittelst eines Kanälchens (wahrscheinlich mittels des Ausführungsganges der Samentaschen) nach aussen münden und deutete sie als „glandes capsulogènes", BUCHHOLZ[3]) betrachtete sie als Keimdrüsen, aus welchen sich sowohl die Eier als der Samen entwickeln sollen. RATZEL[4]) gab eingehendere Nachrichten darüber, indem er sie als Ganglienpaare des Schlundnervensystems auffasst.

RATZEL will nur drei Paare dieser Drüsen gesehen haben. Es ist zwar schwer, bei den mit entwickelten Samentaschen ausgerüsteten Würmern das zweite Paar derselben von der Rückenseite aus zu entdecken; doch die Beobachtung des Thieres von der Bauchseite lässt nicht einen Augenblick im Zweifel, dass im 4., 5., 6. und 7. Segmente diese Organe vorhanden sind.

Man darf aber auch nicht annehmen, dass die Septaldrüsen in paariger Anordnung vorkommen. Anachaeta und Enchytraeus appendiculatus geben dafür untrügliche Beweise. Bei diesen Arten sind die Septaldrüsen unpaarig; sie werden später näher besprochen.

Die allgemeine Anordnung der Septaldrüsen lässt sich an Pachydrilus sphagnetorum am deutlichsten erkennen (Taf. XIII. Fig. 2 sd^1, sd^2, sd^3, sd^4). Man sieht da an den Dissepementen den 4/5, 5/6, 6/7 und 7/8 Segmentes, grosse, helle Gebilde, die auf den ersten Anblick mit der Speiseröhre in Verbindung zu sein scheinen. Bei näherer Untersuchung erkennt man aber, dass sie vielmehr den Dissepementen angehören und mittels derselben auch oberhalb der Speiseröhre verbunden sind. Noch genauer untersucht erweisen sie sich mit einer faserigen Membran — der Septalmembran — umgeben, welche zuletzt von einer kernhaltigen Peritonalmembran überzogen ist. Die einzelnen Paare werden auf der Bauchseite ebenfalls mittels muskulöser Stränge — der von Ratzel als Schlundnerven gedeuteten Stränge — verbunden, welche den ganzen Drüsenkomplex bei den Bewegungen des Thieres in wagerechter Lage erhalten (Taf. XIII. Fig. 2 *m*). Die eigentlichen Elemente der besagten Drüsen sind grosse, birnförmige Zellen, welche von oben betrachtet, mit einem hellen, glänzenden Inhalte, einem Kern und Kernkörperchen versehen zu sein scheinen. Im Pikrokarmin gefärbt erscheinen sie aber mit einem grobkernigen Inhalte erfüllt, in welchem ein deutlicher Kern mit Kernkörperchen eingebettet ist. Einzelne Zellen sind mit dem verjüngten Ende gegen das hintere Ende gerichtet.

Was die Gestalt anbelangt, so erscheinen sie oval, rund, länglich, bei einer und derselben Art sehr variabel. Die Septaldrüsen der vorderen Paare pflegen kleiner zu sein als die der hinteren. Bei Enchytraeus hegemon zerfallen sie im 4. Segmente in mehrere Paare kleiner Drüsen (Taf. XI. Fig. 1 *dd'*, *dd*). Bei Ench. Perrieri berühren sich die Drüsen des ersten Paares oberhalb der Speiseröhre, die anderen sind theilweise oder gänzlich getrennt (Taf. VIII. Fig. 5). Bei der Entwicklung der Samentaschen werden die Septaldrüsen des zweiten Paares verdrängt, so dass sie von der Rückenseite aus betrachtet, fast unsichtbar sind. Während der Inhalt dieser Drüsen bei den meisten Arten glänzend und hell ist, erscheint er bei Ench. humicultor trübe und undurchsichtig.

Bei Enchytraeus appendiculatus sind nur die Drüsen des ersten und manchmal auch die des vierten Paares in paariger Anordnung vorhanden (Taf. II. Fig. 6 *dd'*, *dd⁴*). Im 5. und 6. Segment fliessen sie in eine einzige, die Speiseröhre umfassende Drüse (Taf. II. Fig. 6. sd^2, sd^3). Bei Anachaeta kann man die Drüsen nur bei jungen Exemplaren deutlich untersuchen; in diesem Stadium sind sie hell, glänzend, ohne jedoch die Zellenstructur erkennen zu lassen. Sie kommen aber nie in paariger Anordnung vor (Taf. I. Fig. 6. gl^2, gl^4). Dieselben sind wurstartig, befinden sich an der oberen Seite der Speiseröhre, umgeben dieselbe zu beiden Seiten und ragen mit ihren blinden Enden in die Leibeshöhle hinein. Ihr Inhalt ist bei den geschlechtsreifen Individuen grobkörnig, und nur an gefärbten Praeparaten kann man die Zellgrenzen unterscheiden.

---

[1]) CLAPARÈDE: Études anatomiques etc. pag. 82.
[2]) D'UDEKEM: Mém. sur dével. Lomb. terr. etc.
[3]) BUCHHOLZ: l. c.
[4]) RATZEL: Beitr. z. Anat. von Enchytraeus vermicularis.

Es erübrigt noch die Querschnitte der Septaldrüsen, wie sie auf Taf. IV. Fig. 5. *dd, dd'*, Fig. 6 *dd* dargestellt sind, zu besprechen. Die verschiedentlich sich gestaltenden Drüsen sind aus birnförmigen Zellen zusammengesetzt. Diese sind sämmtlich mit ihren verjüngten Enden gegen das Centrum der Drüsen gerichtet, wo man eine kanalartige Höhle wahrnimmt. Die Zellen erscheinen nach der Färbung mit einem deutlichen, in einem grobkörnigen Inhalte eingebetteten Kern und mit Kernkörperchen versehen. Wo die Drüsen nur aus einer Reihe Zellen zusammengesetzt sind, wie z. B. die Drüschen des vorderen Paares bei Ench. hegemon (Taf. XI. Fig. 1. *dd', dd*), stossen die Zellen mit ihren verjüngten Enden direkt an die Septalmembran.

Die Grösse der einzelnen Drüsen ist sehr variabel, ich will hier nur einige Beispiele anführen:

Pachydrilus sphagnetorum: die Drüsen des ersten Paares 0·0—0·07 $^{Mm.}$, die Drüsen des 2., 3. und 4. Paares 0·103—0·11 $^{Mm.}$ breit, 0·13 lang.

Enchytraeus ventriculosus: die Drüsen des 3. Paares sind 0·11—0·13 $^{Mm.}$ breit, 0·15 $^{Mm.}$ lang.

„ humicultor: die Drüsen rundlich, 0·185 $^{Mm.}$ im Durchmesser.

Diese Drüsen stehen in keinem Zusammenhange mit dem Schlundnervensystem, wie ich es später bei der Beschreibung des Nervensystems bei Anachaeta Eisenii — hier mit Bestimmtheit — nachweisen kann. Doch auch der Bau der Drüsen weist darauf hin, dass sie mit dem Nervensystem nichts gemeinschaftlich haben. Der Inhalt der Zellen färbt sich in kurzer Zeit stark mit Carmin und die Zellen selbst sind im Verhältnisse zu denen des Gehirns und des Bauchstranges enorm entwickelt. Nun kommen die Drüsen auch unpaarig (Anachaeta), und nur an der Rückenseite vor, und können deshalb mit den von RATZEL als Schlundnerven gedeuteten Strängen nicht in Verbindung stehen. Der trübe, grobkörnige Inhalt der Drüsen bei Ench. humicultor spricht auch gegen die nervöse Natur der Drüsenzellen, welche mit einer deutlichen Membran umgeben sind, während die Gehirn- und Bauchstrangszellen derselben vollständig entbehren.

Zuletzt ist noch hervorzuheben, dass sich diese Drüsen in der Körperregion befinden, in welcher bisher bei keinem Anneliden ein ähnlich sich gestaltendes Schlundernervensystem entdeckt wurde. Dasselbe beschränkt sich bekanntlich nur an den Anfangstheil des Oesophagus.

Die Septaldrüsen in den vorderen Segmenten habe ich auch bei Tubifex beobachtet, obwohl nicht in dem Maase, wie bei Enchytraeus. Aber auch bei Criodrilus fand ich auf der Rückenseite der Dissepimente grosse Gebilde, welche den Septaldrüsen der Enchytraeiden entsprechen dürften. CLAPARÈDE[1]) hat nebstdem an Querschnitten der Dissepimente bei Lumbricus Zellenwucherungen entdeckt, die in die Leibeshöhle hineinragen, aber nach seiner Angabe dem Peritonaeum angehören sollen.

Man fragt sich nun über den physiologischen Zweck der besprochenen Drüsen? Ich betrachte sie zunächst als Gebilde zum Schutze der Speiseröhre; sie befinden sich thatsächlich nur in der Region, wo die enge Speiseröhre durchläuft und zwar sowohl auf der Rücken- als auf der Bauchseite. Die Septaldrüsen verhindern die möglichen Streckungen der Speiseröhre, welche in diesen Regionen nur locker an den Septalsträngen befestigt ist. Dabei scheint aber den Septaldrüsen auch ein anderer physiologischer Zweck zugetheilt zu sein, welcher zur Lebensart der Enchytraeiden in besonderen Beziehungen steht. Diese Thiere sind auf feuchte Orte beschränkt, doch können sie auch — wie Anachaeta — in austrocknender Erde ihr Leben zubringen. Um ihren Körper auf der Oberfläche mit genügender Feuchtigkeit zu versehen, lassen sie die Leibesflüssigkeit durch die Rücken- und Kopfporen ausfliessen und befeuchten hiemit die äussere Haut. Dass dieser Process thatsächlich stattfindet, davon habe ich mich zu wiederholten Malen an verschiedenen Arten experimentell überzeugt. Enchytraeus humicultor und leptodera, deren trübe Leibesflüssigkeit in grosser Menge die Leibesräume erfüllt, spritzen in Alkohol geworfen durch die Rückenporen mit Heftigkeit diese Flüssigkeit aus, und färben den Alkohol bald milchartig. Ebenso geschieht es bei Pachydrilus Pagenstecheri, welcher aber die Leibesflüssigkeit nur durch den Kopfporus ausleert. Bezüglich der Frage, wo man den Ursprung dieser Flüssigkeit suchen soll, glaube ich, dass die Septaldrüsen nach den besprochenen Eigenschaften am meisten geeignet sind, dieselbe zu produciren.

c) In der Leibesflüssigkeit flottiren sehr zahlreiche und verschiedene Elemente. Man sieht da grössere und kleinere suspendirte Darmdrüschen, abgestorbene Spermatozoen, Eier, in besonderen Ballen angehäufte Borsten (Taf. III. Fig. 5.), parasitische Infusorien[2]) und Gregarinen[3]) und zuletzt die Wanderzellen.

---

[1]) CLAPARÈDE: Histol. Untersuch. etc. l. c. p. 580 Taf. XLVIII. Fig. 5. *a*).

[2]) In der Leibeshöhle und im Darmkanale mancher Enchytraeiden, namentlich im Ench. galba und hegemon lebt ziemlich häufig und zuweilen in vielen Exemplaren eine Opaline, die bereits BUCHHOLZ (l. c.) abgebildet und unter dem Namen Opalina lumbriculi beschrieben hat. Da ich aber in dieser Art die schon früher von CLAPARÈDE in Clitellio arenarius beobachtete Opfilum zu erkennen glaube, so führe ich sie unter diesem älteren Namen an. Zur näheren Kenntniss dieser Opaline will ich folgende Beschreibung geben: Opalina filum (Taf. VII. Fig. 9) erreicht 0·5—0·9 Mm. Länge und ist mit blossem Auge erkennbar. Junge Exemplare

Die letzten bedürfen in Bezug auf ihre Formen und Herkunft eingehenderer Besprechung. Sie waren allen früheren Forschern bekannt, wurden am genauesten von BUCHHOLZ [1] beschrieben, von RATZEL [3] als Unterscheidungsmerkmal seiner Arten angenommen und von RAY LANKESTER [4] im Bezug auf ihren Ursprung erklärt. Ich will hier einige Sätze aus der Schilderung Buchholz's wiedergeben:

„Die Lymphkörperchen sind bei den Enchytraeen ganz besonders zahlreich vorhanden, so dass sie oft in dicht gedrängten Haufen die einzelnen Körpersegmente erfüllen. Aber nicht allein die grössere Reichlichkeit dieser Zellen ist es, welche Enchytraeus von den übrigen verwandten Würmern auszeichnet, sondern auch ihre abweichende sehr charakteristische Form. Denn während dieselben bei den übrigen Scolecinen stets kugelrund sind, so erscheinen diejenigen der Enchytraeen stets als stark abgeplattete, ovale Scheiben, ähnlich den Blutzellen mancher Wirbelthiere. Der Inhalt dieser scheibenförmigen Körperchen ist bald ganz fein granulirt, bald enthält er daneben gröbere glänzende Körnchen. Isolirt man sie, indem man viel Wasser hinzusetzt, so werden sie meist sehr rasch zerstört, indem sich der Inhalt nach allen Richtungen hin zerstreut. Dieses beweist, dass die Flüssigkeit, in welcher sie suspendirt sind, trotzdem dass sie durch die zahlreichen Schleifenkanäle mit dem Wasser in Communication steht, dennoch eine ziemlich beträchtliche Concentration besitzt, ..." „Isolirt man sie dagegen in einer mässig concentrirten Zuckerlösung, in welcher sie unverändert bleiben und setzt dann allmälig Wasser hinzu, so verlieren sie ihre scheibenförmige Gestalt und quellen zu blassen, kugelrunden Blasen auf, in welchen alsdann immer ein sehr deutlicher und runder Kern nebst einem glänzenden Kernkörperchen, welches letztere hierbei oft in mehrere kleinere Körperchen zerfällt, sichtbar wird."
. . . . „Sehr eigenthümlich nun sind die bei vielen Enchytraeen vorkommenden, kleineren, in der Leibeshöhle suspendirten Körperchen. Diese fielen mir zuerst auf bei E. appendiculatus, wo dieselben ganz besonders entwickelt sind. Dieselben sind hier in so grosser Menge vorhanden, dass daneben die grösseren zelligen Gebilde des Chylus nur ganz vereinzelt erscheinen, so dass auch hierdurch diese Art sehr leicht kenntlich ist. Es sind dieselben länglich ovale, ebenfalls flach scheibenförmige, scharf contourirte, glänzende Körperchen von 0·0084 bis 0·014 $^{Mm.}$ Durchmesser.
„Wenn sie auf der Kante stehen, so erscheinen sie mehr schmal, und anstatt oval langgezogen elliptisch. Was dieselben aber sogleich auf das Bestimmteste von den vorhin beschriebenen grösseren Lymphkörperchen unterscheidet, ist die vollkommene Homogenitaet ihres Inhaltes, in welchem niemals eine Spur von Körnchen, noch auch durch irgend welche Mittel eine Andeutung eines kernartigen Gebildes sichtbar ist . . . ."
„Die übrigen Formen von Enchytraeus weichen nun, in Beziehung auf ihre Lymphkörperchen, darin sehr wesentlich von E. appendiculatus ab, dass die so eben beschriebene kleinere Form derselben, wenn sie überhaupt vorkommt, nur in sehr geringer Anzahl zwischen den eigentlichen Chylusstellen vorhanden ist. Bei E. ventriculosus scheinen sie gänzlich zu fehlen und auch bei E. vermicularis konnte ich sehr häufig gar keine finden."

Dieser Beschreibung Buchholz' stimme ich im Allgemeinen bei. Nur in einem Punkte scheint mir, dass Buchholz andere Elemente mit den Lymphkörperchen in eine Kategorie stellt. Er spricht nämlich von kleineren blassen Körperchen, die vollständig eines Kernes entbehren. Vielleicht hielt er die abgerissenen Partien der Darmdrüschen für Lymphkörperchen.

Es war ebenfalls Ench. appendiculatus, bei welchem ich die in der Leibeshöhle flottirenden zelligen Körperchen in zweierlei Formen gefunden habe. Grössere elliptische und kleine spindelförmige Körperchen dieser Art, mit Osmiumsäure behandelt und in Pikrocarmin gefärbt, zeigen einen deutlichen Kern (Taf. II. Fig. 10). Doch auch andere Arten besitzen diese Körperchen in zweierlei Formen, grössere und kleinere. Ich will nur Anachaeta erwähnen (Taf. I. Fig. 7. 8). In der Leibeshöhle dieser merkwürdigen Gattung fand ich zuerst grosse, abgeplattete Scheiben von verschiedener, meist unregelmässig kontourirter Form. Dieselben zeigen einen deutlichen Kern mit Kern-

---

messen aber nur 0·3—0·5 Mm. Das Thier ist dünn, rund, vorn abgerundet, hinten allmälig sich verjüngend. Die Wimpern sind sehr lang und starr, bewegen sich aber sehr lebhaft. Die lebende Opalina ist äusserst durchsichtig, so dass sie in ihrem Innern ausser den glänzenden, an einer Seite in einer Längsreihe befindlichen contractilen Vacuolen (Taf. VII. Fig. 9. v) und ausser sehr spärlichem feinkörnigem Inhalte sonst Nichts wahrnehmen lässt. So haben auch Claparède und Buchholz diese Opaline gezeichnet; auf ihren Abbildungen findet man keine Andeutung eines Nucleus. An lebenden Thieren war ich auch nicht im Stande dieses Gebilde zu entdecken. Erst auf den mit Osmiumsäure behandelten, in Pikrocarmin gefärbten und in Canadabalsam eingeschlossenen Praeparaten kam ein dünner und langer, am vorderen Ende gebogener und bis zum hinteren Körperende hinziehender Nucleus zum Vorschein.
Die Vermehrung dieser Opaline geschieht durch die Theilung. Man trifft nicht selten ganze Ketten mit 3—4 sich theilenden Individuen, die zumal in der Leibeshöhle lebhaft umherschwärmen. Isolirt man sie, indem man viel Wasser hinzusetzt, so bewegen sie sich eine Zeit lang lebhaft am Objectträger, doch gehen sie ziemlich bald zu Grunde.
Opalina filum lässt sich nicht mit der in der Leibeshöhle von Lumbriculus variegatus lebenden Opaline identificiren.
[2]) Die von KÖLLIKER beschriebene Gregarina Enchytraei und Gonospora Pachydrili m ihi.
[1]) BUCHHOLZ l. c. pag. 109—111.
[3]) RATZEL: Beitr. z. Anat. und system. Kennt. d. Oligoch.
[4]) RAY LANKESTER: On some Migrations of Cells. Quarterly Journ. Microscop. Sciences Vol. X. p. 1870. pag. 265—269. Pl. XVII.

körperchen. Nebst diesen sind bei Anachaeta in geringerer Zahl auch spindelförmige, kernhaltige Körperchen vorhanden, die durch ihre Form an die der übrigen Arten erinnern.

RATZEL will bei jeder Art eine bestimmte Form dieser Zellen gesehen haben. Es lässt sich zwar dieses Merkmal für einzelne Arten anwenden, doch nicht für alle. Charakteristisch sind die Körperchen für Anachaeta, Enchytraeus appendiculatus, Ench. ventriculosus (elliptische Form) und Ench. leptodera (gleiche, kreisförmige Körperchen). Dagegen stimmen die Körperchen in Bezug auf ihre lanzettförmige Form bei Ench. Buchholzii (Taf. III. Fig. 13), Ench. humicultor (Taf. V. Fig. 3), Ench. Perrieri (Taf. VIII. Fig. 12), Pachydrilus Pagenstecheri (Taf. XIV. Fig. 5) etc. überein.

Ueber den Ursprung der „Lymphkörperchen" hat sich, wie gesagt, RAY. LANKESTER[1]) ausgesprochen. Es heisst bei ihm: „In several genera of the Oligochaeta I have carefully examined the corpuscles of the perivisceral fluid, and endeavoured to thrace their origine. There is no doubt that the majority of them are detached from the layer of large cells containing yellow granules, which surround the alimentary tube and blood-vessels. This layer of cells varies very much in its form in different genera, and is directly continuous through the layer of cells which enclose the segment organs . . . ." „The cells of the hepatic tunic of the intestine, as it is sometimes temed, exhibit this form at one period of their development in all Oligochaeta; and it is probable that they discharge their contents or a part into the intestine to assist digestion, as describet originally by d'Udekem, being, in fact unicellular glands; but they are also thrown off in to the perivisceral cavity and form a great member of its corpuscles . . . . " „In Enchytraeus the cells of the hepatic membran have a very definite oat shape, and so have those of the perivisceral fluid, and they are very numerous. Their form is so well marked that they are quite charakteristic of the genus. The perivisceral corpuscles differ from the hepatic only in having lost their yellow granulas contents."

Wir wollen nun die Richtigkeit der Angabe E. Ray Lankesters über die Wanderzellen, die nach ihm von der Darmwand herrühren, und sich von den Darmdrüsen nur durch ihre blasse Farbe unterscheiden, prüfen, indem wir die Form der Lymphkörperchen mit der der Darmdrüsen, ferner den Inhalt und die Lage des Kernes bei beiden Gebilden vergleichen.

Fangen wir mit Anachaeta an. Hier sieht man die Darmdrüsen als kleine, kugelrunde Körper mit rothbraunem feinkörnigem Pigmente gefüllt. (Taf. I. Fig. 6. a) Die Lymphkörperchen erscheinen bei dieser Gattung in zweierlei Formen, beide sind plattgedrückt, die grösseren sind bedeutender als die Darmdrüsen, blass, gefaltet (Taf. I. Fig. 7. a, b, c) und den letzteren gar nicht ähnlich; um so weniger lässt sich dies von den kleineren, spindelförmigen Lymphkörperchen sagen (Taf. I. Fig. 8). In demselben Verhältnisse stehen die Lymphkörperchen zu den Darmdrüsen bei Ench. Perrieri, Ench. ventriculosus (Taf. VI. Fig. 5. und Fig. 8. d), Ench. appendiculatus (Taf. II. Fig. 8. d, und Fig. 10. a, b), Ench. lobifer, Ench. puteanus, Ench. adriaticus und Pachydrilus Pagenstecheri. Worin besteht nun die Ähnlichkeit der Darmdrüsen mit den Wanderzellen bei Ench. Buchholzii? Die Darmdrüsen bei dieser Art stellen grosse, kugelförmige, mit reichem Fettinhalte gefüllte Blasen dar, in welchen ein Kern schwer zu entdecken ist. Die Wanderzellen sind dagegen kleine, lanzettförmige, mit einem rundlichen Inhalte gefüllte Gebilde, welche in keiner Beziehung an die ersteren erinnern (Taf. III. Fig. 13. und Fig. 7., gl).

Ähnlich steht es mit der Uebereinstimmung der Wanderzellen mit den Darmdrüsen bei Ench. leptodera. Die ersten sind regelmässig kreisförmig, sämmtlich von gleicher Grösse, plattgedrückt und von dunkelbrauner Farbe (Taf X. Fig. 7). Die Darmdrüsen derselben Art stellen dagegen kleine, längliche, mit blassen Kernen gefüllte Körper dar, welche in verschiedener Grösse die Darmwandungen bedecken.

Der Darm bei Ench. humicultor (Taf. V. Fig. 6) ist mit äusserst kleinen blassen Drüschen bedeckt, welche bei den meisten Exemplaren gänzlich fehlen. Und trotzdem ist die Leibeshöhle dieser Art mit einer Unzahl von langen, engen, zugespitzten, mit kernigem Inhalte gefüllten Körperchen versehen, deren Kern immer in der Mitte liegt, während der der Darmdrüsen mehr dem äusseren Ende genähert ist (Taf. V. Fig. 3. und Fig. 6. dd). Dasselbe gilt von den Darmdrüsen bei Pachydrilus sphagnetorum, welche birnförmig, mit einem rundlichen Kern und mit länglichen Kernkörperchen versehen sind. Während gleichfalls der Kern der Lymphkörperchen immer in der Mitte eingebettet ist, so findet man denselben in den Darmdrüsen mehr dem äusseren Ende genähert (Taf. XIII. Fig. 3).

Hieraus ist ersichtlich, dass die Wanderzellen mit den Darmdrüsen nichts gemein haben, und dass man somit die Auffassung RAY LANKESTERS fallen lassen müsse. Dadurch taucht allerdings die Frage vom Neuen auf, wo man den Ursprung der Wanderzellen suchen solle? Ich habe in dieser Hinsicht keine Beobachtungen angestellt; doch glaube ich die Vermuthung aussprechen zu dürfen, dass die Wanderzellen einer der ältesten Bestandtheile des Wurmkörpers sei. Aus den embryologischen Untersuchungen vieler Thiere geht hervor, dass das mittlere Keimblatt, — das Mesoderm — ursprünglich aus 2 grossen Zellen besteht. Durch weitere Entwicklung des embryonalen Körpers vermehren

---

[1]) l. c. pag. 267.

sich die Mesodermzellen und gelangen zwischen die beiden ursprünglichen Blätter. Es entwickeln sich daraus die Muskelelemente der verschiedenen Organe, flimmernde Wassergefässe [1], einzelne Zellen aber fallen in die sich entwickelnde Leibeshöhle hinein und bewegen sich hier nach den Krümmungen der Thiere von einem Körperende zum anderen. Für solche *Abkömmlinge der Mesodermzellen* halte ich nun die Wanderzellen. Man dürfte ihren Ursprung in der, die ganze Leibeshöhle auskleidenden, und aus lockeren Zellen bestehenden Peritonealalmembran zu suchen haben, doch bedarf dieser Gegenstand sorgfältiger Untersuchungen. Mit TAUBER fasse ich die Wanderzellen als Ernährungselemente der Leibeshöhle auf.

Andere, in der Leibesflüssigkeit flottirende Gebilde, habe ich nicht näher untersucht. In der Leibeshöhle der Naididen hat TAUBER [2] verschiedene Elemente unterschieden. „1. Cellulae clarae nucleolis aut instructae, aut carentes. — Cellulae plasmaticae." Diese entsprechen den von mir als Descendenten der Mesodermzellen aufgefassten Gebilden. „2. Cellule clarae una sive pluribus guttis oleagineis instructae — Corpora plasmatica." — Diese Elemente dürften den abgerissenen Drüsen der Darmwandungen entsprechen, wie auch TAUBER angibt. („Corpora plasmatica stricta a tunica intestini solvuntur.") „3. Guttae liberae oleagineae ex partibus non consumptis vitelli ortae. — Guttae oleagineae." Es sind vielleicht einzelne Fetttropfen aus den Darmdrüsen, wie z. B. bei Ench. Buchholzii (Taf. III. Fig. 7., Taf. IV. Fig. I. *ddg*.)

d) Die Rücken- und Kopfporen. Die Leibeshöhle hängt mit der Aussenwelt unmittelbar durch zweierlei Öffnungen zusammen. Die Rückenporen sitzen auf der Rückenmittellinie und zwar je eine in jedem Segmente. Ich konnte si lange nicht entdecken und es ist daher kein Wunder, dass sie bisher nur von CLAPARÈDE [3] gesehen wurden. Diese Öffnungen lassen sich leicht entdecken, wenn man den lebenden Wurm eine Zeit lang auf einem Uhrgläschen im Wasser, dem man einige Tropfen Osmiumsäure zugesetzt hat, hält. Dann öffnen sie sich und der Leibeshöhleinhalt rinnt durch sie heraus. So habe ich sie bei vielen Arten der Gattung Enchytraeus entdeckt. Den Gattungen Pachydrilus und Anachaeta kommen sie nicht zu. Bei Enchytraeus humicultor habe ich die Rückenporen einer näheren Untersuchung unterzogen und bin zu folgenden Resultaten gelangt: Dieselben fehlen an allen, vor dem Gürtel liegenden Segmenten; hinter diesem sind sie aber sehr deutlich. Sie erscheinen nicht, wie Claparède angibt, in der Intersegmentalfurche, sondern etwa in dem ersten Drittel des Segmentes, zwischen dem Dissepimente und dem, den Darm an die Leibeswand befestigenden Ligamente (Taf. V. Fig. 6. *pd*). Von der Oberfläche der Cuticula verlaufen die Rückenöffnungen etwas trichterförmig durch die Hypodermis und Leibesmuskulatur und communiciren mit der Leibeshöhle. Die Muskelschichten dürften wohl im Stande sein die Poren zu öffnen oder zu schliessen. Ihre physiologische Funktion ist wohl darin zu suchen, dass sie die Leibesflüssigkeit zur Befeuchtung der Körperoberfläche ausleeren, welche Regel auch für Lumbricus gilt.

Die dem Kopflappen angehörende Öffnung ist allen drei Gattungen der Enchytraeiden eigen. Dieselbe wurde bei Enchytraeus galba zuerst von LEYDIG [4] entdeckt, und auch für Lumbriculus variegatus nachgewiesen. Ich habe dieselbe nebst diesen Gattungen auch bei Criodrilus beobachtet.

CLAPARÈDE [5] konnte die in Leibeshöhle führende Kopföffnung bei Enchytraeiden nicht finden. Was nun das Vorkommen der Kopfporen anbelangt, so findet man denselben bei Anachaeta, ähnlich wie bei Polyophthalmus, auf dem vordersten Pole des Kopflappens (Taf. I. Fig. 1. *o*. Taf. II. Fig. *pc*). Bei Enchytraeus und Pachydrilus liegt die Öffnung auf der Rückenseite in der Intersegmentalfurche des Kopf- und Mundlappens, was also mit den Zeichnungen LEYDIGS nicht übereinstimmt, welcher die Kopfporen auf die Kopflappen legt. Sie erweitert sich trichterförmig in die Leibeshöhle und ist ziemlich schwer zu beobachten. Ich habe sie bei folgenden Arten gefunden:

Enchytraeus Buchholzii (Taf. III. Fig. 2 *a*), Ench. Perrieri (Taf. VIII. Fig. 1. *a*); Ench. lobifer (Taf. IX. Fig. 1. *a*), Ench. Leptodera (Taf. X. Fig. 1. *a*), Ench. adriaticus (Taf. XII. Fig. 13. *pc*) und Pachydrilus Pagenstecheri (Taf. XIV. Fig. 1. *a*).

Ihre physiologische Bedeutung ist dieselbe, wie die der Rückenporen. Da dieselbe Öffnung aber auch bei den oben erwähnten, meist im Wasser lebenden Würmern vorkommt, welche einer oberflächlichen Befeuchtung des Körpers mit der Leibesflüssigkeit nicht bedürfen, so ist die Funktion derselben hier in etwas Anderem zu suchen. Bei verschiedenen Versuchen, welche ich darüber anstellte, fand ich, dass durch die Kopfporen die in der Leibeshöhle angehäuften Samenfäden ausflossen. Es scheint demnach der physiologische Zweck dieser Öffnung darin zu beruhen, die in grosser Menge sich entwickelnden und nicht von den Samentrichtern aufgefangenen Spermatozoon nach Aussen zu entleeren.

---

[1] HATSCHEK: Embryonalentwicklung und Knospung der Pedicellina echinata Z. f. w. Z. Bd. XXIX. 1877. pag. 545.
[2] TAUBER: Undersøgelser over Naidernes kjønsl. Formering. 1874. Af „Naturhistorisk. Tidsskrift". 3 R. 9 B.
[3] CLAPARÈDE: Rech. s. Anat. d. Oligochaetes pag. 275.
[4] LEYDIG: Vom Bau des thierischen Körpers pag. 174. Tafeln z. vergl. Anatomie. Taf. IV. Fig. 2. 3. *a*.
[5] CLAPARÈDE: Histol. Untersuch. üb. d. Regenwurm p. 582.

2. Die Borsten und ihre Entwicklung.

Die Enchytraeiden besitzen in jedem Segmente 4 Borstenbündel, wovon die der oberen Reihen mehr an den Seiten des Körpers liegen. In jedem Bündel findet man bei den einzelnen Arten eine verschiedene Anzahl von Borsten. In den oberen Reihen sind gewöhnlich die Borsten in geringerer Anzahl vorhanden, als in den Bauchreihen; man findet in einem Rückenbündel z. B. 3 Borsten, in dem der Bauchseite dagegen 4—5. Die grösste Anzahl von Borsten in einem Bündel, welche mir zu Gesicht kam, ist 10. Auch ist der Umstand auffallend, dass die Borsten bei einigen Arten gleich lang sind, während bei anderen die mittleren Borsten viel kürzer als die seitlichen erscheinen. Gleich lange Borsten in einzelnen Bündeln fand ich bei

Enchytraeus appendiculatus Taf. II. Fig. 5.
E. Buchholzii Taf. III. Fig. 3a. 3b.
E. humicultor Taf. IV. Fig. 7. Taf. V. Fig. 2.
E. ventriculosus Taf. IX. Fig. 3.
E. Leydigii Taf. IX. Fig. 10.
E. leptodera Taf. X. Fig. 2. 6. Taf. XIII. Fig. 15.

Die mittleren kürzeren Borsten in einem Bündel finde ich bei

F. galba Taf. VII. Fig. 3a. b.
E. Perrieri Taf. VIII. Fig. 4. a. b.
E. lobifer Taf. IX. Fig. 2. b. c.
E. hegemon Taf. XIII. Fig. 15.

Später wird man sehen, dass diese Erscheinung durch die Entstehungsweise der Borsten veranlasst wird.

Die Variabilität der Borsten ist nicht nur bei einzelnen Arten, oder bei den Individuen derselben Art bedeutend, sondern die Form der Borsten wechselt auch an den einzelnen Körpersegmenten desselben Thieres. Bei der Gattung Enchytraeus findet man grösserentheils gerade Borsten, die aber an der Insertionsstelle hakenförmig gebogen sind. Die verschiedenen Formen der Borsten sieht man z. B. an E. Buchholzii (Taf. III. Fig. 3a und 3b) von der vorderen Körperpartie (Fig. 4. von den hinteren Segmenten). Am freien Ende schwach hakenförmig gebogen sind die Borsten bei Euch. appendiculatus (Taf. II. 5.) und E. ventriculosus (Taf. VI. Fig. 3.) Die Gattung Pachydrilus besitzt durchaus stark S-förmig gebogene Borsten, wie man sie bei den Gattungen der Familie der Lumbriculiden trifft (z. B. Rhynchelmis und Phreatothrix).

Dass die Borsten keine Cuticularbildung sind, hat schon CLAPARÈDE[1]) hervorgehoben. Dieser ausgezeichnete Forscher beobachtete, dass der Sackgrund der Borsten aus einem an besonderen Capillarschlingen sitzenden Bindegewebe besteht, welches er theoretisch als modificirte Hypodermis auffasst. Dass die Borsten selbst aber nicht in Einstülpungen der Haut entstehen, *sondern dass sich ihre Entstehungsstelle in der Hypodermis befindet*, beweist am besten die Gattung Anachaeta.

Dieser Wurm trägt an seiner Oberfläche keine Borsten. Er besitzt aber an den Stellen, wo bei anderen Arten diese Gebilde vorkommen, sehr auffallende Spuren davon. Man sieht nämlich an lebenden Thieren in jedem Segmente 4 grosse, im Leibesschlauche befestigte flaschenförmige Gebilde, die bei den Bewegungen des Wurmes hin und her geworfen werden (Taf. I. Fig. 1. 3. bs, Fig. 4. bs). Bei genauerer Untersuchung wird man gewahr, dass diese Zellen modificirte Hypodermiszellen darstellen, indem sie mittelst ihres verengten Vorderendes mit der Cuticula in Verbindung stehen und sich nach hinten sackförmig erweitern. Sie sind mit einem granulirten, glänzenden Inhalte gefüllt, in welchem ein grosser Kern und ein an gefärbten Praeparaten sehr deutliches Kernkörperchen hervortritt. Jede Zelle ist mit einer dicken, homogenen Cuticularmembran umgeben und mündet, wie eine Hypodermisdrüse, mittels eines engen Kanälchens nach aussen (Taf. I. Fig. ca).

Aus dieser Thatsache ist es ersichtlich, dass diese Zelle bei ihrer enormen Entwickelung stets mit den übrigen Hypodermiszellen in Verbindung steht, dass sie die Muskelschichten durchbrach, ohne zu besonderen Differenzirungen der Borstenmuskeln Anlass zu geben. Die cuticulare Umhüllung der Zelle weist darauf hin, dass sie härtere Gebilde — vielleicht chitinöse Gebilde — wie die Borsten bei anderen Gattungen — ausscheiden kann. Die besprochenen 4 Zellen in einzelnen Segmenten der Gattung Anachaeta stellen demnach thatsächliche einzelige Hypodermisdrüsen und zugleich Borstenfollikel dar.

---

[1]) CLAPARÈDE: Hist. Unt. etc. pag. 583.

Hiernach kann man also die Entwickelung der Borsten bei anderen Gattungen der Enchytraeiden erklären. Man findet, wie schon gesagt, in einzelnen Bündeln durchaus gleiche Borsten, oder sind die mittleren stets kleiner als die äusseren. Die Verfolgung der Entwicklungsgeschichte der Borsten erklärt uns diese Erscheinung, indem sie zeigt, dass die inneren kürzeren Borsten jünger sind als die äusseren.

Verfolgen wir zunächst die Entwicklung der Borsten, wo diese in Bündeln von gleicher Länge vorkommen, wie bei Ench. leptodera und humicultor. An Querschnitten des Leibesschlauches zeigt sich Folgendes (Taf. XIII, Fig. 15; Taf. IV, Fig. 7): Aus dem Borstensacke ragen 4 gleich lange, gerade Borsten aus der Leibeshöhle heraus. Bei stärkerer Vergrösserung sieht man eine Cuticularscheide, welche eine jede Borste eine Strecke tief in den Sack umgiebt, sich allmälig verjüngt und endlich ganz aufhört. Der Sack, aus welchem die Borsten ausgehen, wird durch Muskelbündel an die Leibeswand befestigt, diese nehmen ihren Ursprung in der Quermuskelschicht des Leibesschlauches und werden von einer dünnen Peritonaealschicht überzogen. Die Borsten sind in einer grobkörnigen Masse eingebettet (Taf. IV. Fig. 7. *p*), welche den ganzen inneren Raum der Borstensäcke erfüllt und einzelne Borsten auch auf ihrem weiteren Verlaufe überzieht. Durch die einzelnen Borstensäcke wird die Längsmuskelschicht durchbrochen (Taf. XIII. Fig. 15. *lm*).

In dem granulirten Inhalte der Borstensäcke bemerkt man neben den entwickelten Borsten (Taf. XIII. Fig. 15. *b*) noch junge Ersatzborsten (*j*), die dicht neben den Hauptborsten eingelagert sind. Dieselben zeigen in ihrem Grunde einen Kern, auf welchem die sich eben entwickelnde Borstenspitze sitzt. In den Borstensäcken, wo die Reserveborsten noch nicht zum Vorschein kommen (Taf. IV. Fig. 7.), sieht man an den Seiten der Hauptborsten im granulirten Inhalte deutliche Kerne mit Kernkörperchen.

Wenn die jungen Borsten erwachsen sind, verdrängen sie die alten Gebilde, welche aber nicht nach aussen ausfallen, sondern sich in die Leibeshöhle einziehen, und hier in der Leibesflüssigkeit flottiren. So findet man grössere und kleinere Klumpen alter Borsten (bei E. Buchholzii Taf. III. Fig. 5.), die in einer körnigen Masse verpackt, hin und her mit der Leibesflüssigkeit umher getrieben werden.

Von diesem *gleichzeitigen* Wachsthum der Borsten fand ich eine Ausnahme bei Ench. ventriculosus (Taf. VI. Fig. 4.), wo sich die äusseren Borsten später entwickeln, als die inneren.

Eine andere Bildungsweise der Borsten findet bei den Arten statt, wo die Borstenbündel nicht gleich lange Borsten enthalten. Die inneren Borsten sind stets kürzer als die äusseren. Während die letzt genannten an der Basis der Borstensäcke liegen, findet man in denselben Säcken jüngere Borsten näher zum Leibesschlauche und die jüngsten Stadien selbst in der Hypodermisschicht eingelagert. Hiernach ist die Abbildung RATZEL's [1] unrichtig, welcher die jüngster Borsten von Ench. galba in gleichem Niveau mit den ältesten — an der Basis der Borstensäcke — zeichnet. Als Beispiel dieser Entwickelungsweise führe ich Ench. hegemoni auf (Taf. XIII. Fig. 13.). Hier entwickeln sich die Hypodermiszellen nicht gleichzeitig zu Borsten. Die äussersten Borsten (Fig. 13. *a*) stellen die ältesten dar; die ihnen nächsten (*b*) sind jünger, aber auch schon entwickelt und besitzen an den Seiten, wie die des ersten Paares, einen Kern zu künftigen Reserveborsten. Die nachfolgenden 2 Paar Borsten liegen mit ihren hinteren Enden in einer granulirten Masse — in den modificirten Hypodermiszellen, deren Grenze wie eine Scheide mit der Cuticula des Leibesschlauches zusammenhängt. Die kleinsten Borsten (*d*) enthalten die erste Spur einer chitinigen Borstenspitze, welche einem Kerne aufsitzt und bereits die Cuticula des Leibesschlauches durchbricht.

Demnach ist es ersichtlich, dass die äusseren Borsten die ältesten sind, während die inneren Borsten hinter einander folgende Altersstufen darstellen. Die äusseren fallen auch bei der Entwickelung des nachfolgenden Paares in die Leibeshöhle hinein und verhalten sich hier wie die oberwähnten Borsten bei Ench. Buchholzii, humicultor, leptodera etc.

Die verlässlichsten und in dem schönsten Einklange mit den geschilderten Beobachtungen stehenden Angaben über die Borstenbildung finde ich bei PERRIER [2]. Die Gattung Urochaeta besitzt in jedem Segmente der Hypodermis und zwar in den Borstenzonen besondere, jenen von Anachaeta ähnliche Drüsen, welche Perrier als gewöhnliche einzellige Hypodermisdrüsen betrachtet. Aus der Beschreibung des genannten Forschers geht aber hervor, dass diese Drüsen derselben Eigenschaften wie jene von Anachaeta sind. [3] Weiter erwähnt Perrier, dass die besagten Drüsen nur in der Borstenzone an jedem Segmente vorkommen. [4] Dies ist aber nicht der Fall bei den gewöhnlichen Hypodermisdrüsen anderer Oligochaeten. Hier kommen sie bekanntlich an den verschiedensten Stellen und in Gruppen auf einzelnen Segmenten und namentlich auf dem Kopfklappen vor.

---

[1] RATZEL: Beitr. z. anat. und system. Kennt. etc. Taf. XLII. Fig. 22. Zeitschrift f. wiss. Zool. Bd. XVIII.
[2] PERRIER: Organisation des lombriciens terrestres. Arch. d. zool. expér. Tom. III. 1874. pag. 397.
Rech. pour serv. à l'hist. des lombr. terrest.
[3] l. c. pag. 384. Ce sont des corps sphériques, beaucoup plus gros que les autres éléments de l'hyperderme et qui se font en outre remarquer par leur réfringens plus grande etc.
[4] Leur position chez les Urochaeta est parfaitement constante. On les trouve sur la line circulaire qui joindrait les huit soies d'un même anneau.

Es erübrigt demnach Nichts anderes als die von Perrier beschriebenen Drüsen als homolog den Borstenfollikeln von Anachaeta zu betrachten.

Über die Borstenbildung bei Urochaeta äussert sich Perrier folgendermassen: „Il existe également ici un follicule sécréteur des soies composé de ce cellules distinctes[1], dont un occupe la base de la soie et les autres ses parties latérales." Aus jedem Follikel entwickelt sich bei Urochaeta nur eine Borste. Beim Lumbricus, wo die Borsten bekanntlich paarweise in jedem Bündel vorkommen, zeichnet Perrier dagegen in den jüngsten Stadien der Borstenbildung 2 Follikel nebeneinander, die erst später in einen gemeinschaftlichen, ein Paar gleich entwickelter Borsten enthaltenden Borstensack, verwachsen. Nach dem Umstande, dass in jedem Follikel mehrere Kerne vorkommen, dürfte man annehmen, dass derselbe aus mehreren Zellen entstanden. Nach den Thatsachen bei Anachaeta und Urochaeta kann keinem Zweifel unterliegen, dass die Borstenfollikel modificirte Hypodermisdrüsen darstellen. Es entsteht demnach die Frage, ob in jedem Follikel schon vom Anfange mehrere Kerne existiren, oder sich dieselben erst später vermehren? Worin liegt ihre Funktion?

Die einzelligen Drüsen bei Anachaeta und Urochaeta weisen darauf hin, dass in jedem Borstenfollikel ursprünglich nur ein Kern existirt und dass sich derselbe erst bei der Borstenbildung wahrscheinlich in mehrere Kerne theilt. Aus den Beobachtungen über die Borstenbildung der Gattung Enchytraeus geht hervor, dass die in den Follikeln vorhandenen Kerne in besonderem Verhältnisse zu der Entwickelung der Ersatzborsten stehen.

Die vollständige Borstenbildung bei Enchytraeus humicultor und leptodera lässt sich demnach folgendermassen erklären: Vier Hypodermiszellen modificiren sich im Leibesschlauche zu Borstenfollikeln, die zuletzt verwachsen und einen gemeinschaftlichen Borstensack darstellen. Durch fortschreitendes Wachsthum stülpen sich die sich bildenden Borsten mit der Quermuskelschicht in die Leibeshöhle ein. Die Muskeln inseriren sich an den Borstensack, wobei die Längsmuskelschicht unterbrochen wird. Die vier Zellen entwickeln sich also *gleichzeitig* zu Borsten in einem Borstensacke und durchbrechen zuletzt die Cuticula, welche sich auf eine kleine Strecke nach innen einschlägt. Die an den Seiten der Hauptborsten befindlichen Kerne stellen die Ersatzkeime der zukünftigen Borsten dar, indem einige derselben die erste Spur einer Borstenspitze als eine winzige Chitinkuppel enthalten (Taf. XIII. Fig. 15. *j*).

Nach RATZEL[2]) betheiligen sich an der Befestigung der Borstensäcke an der Leibeswand die abgelösten Muskelfasern der Längsmuskelschicht des Leibesschlauches. Es heisst bei ihm:

„Es treten nämlich von der Längsmuskelschicht Bündel von Muskeln an die Basis der Borsten und inseriren sich an ihnen." — „Gänzlich verschieden von diesen Längsmuskeln ist die Anordnung der Querborstenmuskeln; diese gehen nämlich in querer Richtung von einem Borstenbündel zum anderen und liegen nach innen von der Längsmuskelschicht des Körpers, d. h. gegen den Darm hin. Von ihnen kann man also keineswegs sagen, dass sie von der Körpermuskulatur „abgelöst" seien, denn wie sollte auch nur eine einzige Quermuskelfaser von der Aussenseite der Längsmuskelschicht durch diese hindurch auf ihre Innenseite treten?"

Diese Angabe Ratzels stimmt durchaus nicht mit meinen Beobachtungen überein. An allen Querschnitten der betreffenden Körperpartien sieht man deutlich, dass von der Quermuskelschicht des Leibesschlauches einzelne Muskelfasern abgehen, und sich an den Borstensäcken inseriren. Die Längsmuskelschicht ist vollständig unterbrochen und entsendet keine einzige Faser zur Bewegung der Borstensäcke. Übrigens wird meine Beobachtung durch die Genesis der Borsten bestätigt. Die Hypodermiszellen vergrössern sich und üben einen Druck auf die Quermuskelschicht der Leibeswand aus, wodurch sich einzelne Quermuskelfasern an den sich bildenden Borstensack ansetzen und die Längsmuskelschicht durchbrechen.

Dasselbe erwähnt Perrier von der Befestigung der Borstensäcke bei Urochaeta.

3. Das Nervensystem.

Im Wesentlichen, d. h. in der Lage des Gehirns und des Bauchmarkes stimmt das Nervensystem der Enchytraeiden mit dem der übrigen Anneliden überein. Es gibt aber einige Einzelnheiten, in welchen dasselbe von dem der verwandten Würmer abweicht. Das Gehirn liegt bei allen Gattungen der Enchytraeiden in der hinteren Partie des ersten Segmentes, d. h. oberhalb der Bulbus oesophagi und lässt sich sowohl an lebenden als auch an Spiritusexemplaren und gefärbten Paeparaten leicht untersuchen. Die Gehirnform ist äusserst charakteristisch und erinnert meines Wissens nur an ähnlich geformte Gehirne des Phreoryctes Menkeanus[3]) und Phreoryctes

---

[1]) l. c. Pl. XII. Fig. 10. *d. c.*
[2]) RATZEL: Hist. Untersuch. an nieder. Thieren. Z. Z. Bd. XIX. pag. 265.
[3]) LEYDIG: Über Phreoryctes Menkeanus. Arch. f. mikr. Anatomie Bd. I.

filiformis. Dasselbe besteht nämlich nicht aus zwei, durch eine Querkommissur verbundenen Ganglien, sondern es stellt einen mehr elliptischen, durch seine Grösse charakteristischen Körper dar, welcher an Querschnitten fast runde Bilder gibt. Man kann aber dennoch eine paarige Zusammensetzung erkennen, indem Enchytraeus puteanus (Taf. XII. Fig. 6.) mit einem Gehirn versehen erscheint, das eine centrale, seichte, das ganze Gebilde in zwei symmetrische Hälften theilende Furche besitzt.

Ferner gibt es viele Arten, deren Gehirn hinten durch einen centralen Einschnitt charakterisirt ist; derselbe deutet auf zwei neben einander liegende Hälften, aus welchen das Gehirnganglion zusammengesetzt ist. So die Gehirne von Ench. Buchholzii (Taf. III. Fig. 1. g), E. humicultor (Taf. V. Fig. 1.), E. ventriculosus (Taf. VI. Fig. 1.), E. lobifer (Taf. IX. Fig. 3), E. leptodera (Taf. X. Fig. 1.), Pachydrilus sphagnetorum (Taf. XIII. Fig. 1.), Pachydrilus Pagenstecheri (Taf. XIV. Fig. 1. g).

Zuletzt ist noch eines histologischen Merkmales zu erwähnen, welches darauf hindeutet, dass das Gehirn aus zwei Hälften besteht. An Querschnitten (Taf. XIII. Fig. 16.) sieht man die Fasersubstanz, die an der Oberfläche mit Ganglienzellen bedeckt ist. Dieselben sind in der Weise gelagert, dass die der linken und der rechten Seite gegen die obere Centrallinie des Gehirnes gerichtet sind.

Was die Form der einzelnen Gehirne anbelangt, so unterscheidet man die Arten, bei welchen das Gehirn vorn und hinten abgerundet ist, wie bei Anachaeta Eisenii (Taf. I. Fig. 1. gg, Taf. II. Fig. 1. g), E. Perrieri (Taf. VIII. Fig. 2.); ferner findet man ein vorn ausgehöhltes, hinten gerade abgestutztes Gehirnganglion, Ench. appendiculatus (Taf. II. Fig. 9. ge). Ein vorn abgerundetes, hinten ausgeschnittenes Ganglion bei Ench. Buchholzii (Taf. III. Fig. 1. g), Ench. humicultor (Taf. V. Fig. 1.) und E. lobifer; ein vorn ausgehöhltes, hinten abgerundetes Gehirn bei Ench. galba, Ench. Leydigii; ein vorn und hinten ausgehöhltes Gehirn bei Ench. ventriculosus, puteanus, Pachydrilus sphagnetorum und Pagenstecheri; ein vorn abgerundetes, hinten ausgeschnittenes Gehirnganglion bei Ench. leptodera. Nach diesen Formen lassen sich folgende Gruppen aufstellen:

1. Anachaeta: Gehirn vorn und hinten convex.
2. Pachydrilus: Gehirn vorn und hinten concav.
3. Enchytraeus: a) Gehirn hinten abgestutzt
   Mesenchytraeus Eisen.
   b) Gehirn hinten abgerundet
   Neoenchytraeus Eisen.
   c) Gehirn hinten ausgeschnitten
   Archenchytraeus Eisen.

Die fibrilläre Punktsubstanz des Gehirnes ist sehr mächtig entwickelt und nimmt das ganze Centrum und die untere Seite desselben ein (Taf. XIII. Fig. 16 ps). Die Nervenzellen liegen nur in einer Reihe an der Oberfläche des Gehirnes und die Stiele derselben sind gegen die centrale Punktsubstanz gerichtet.

Es kommen nur unipolare Zellen von gleicher Grösse vor.

Die Zellen, sowie die fibrilläre Punktsubstanz sind mit einer epithelartigen, dünnen Membran — mit dem Neurilemm — bedeckt. An den hinteren Theilen des Gehirnes inseriren sich zu beiden Seiten 2 Paare von Seitenmuskeln, die sich nach hinten ziehen und sich an der Rückenseite der Leibeswand mit der Muskelschicht verbinden (Taf. I. Fig. 1. gm^1, gm^2; Taf. II. Fig. 9, Taf. III. Fig. 1. gm^1, gm^2 etc. etc.). Die Funktion derselben ist offenbar jede Bewegung des Gehirnes bei den mannigfaltigen Krümmungen des Thieres zu verhüten.

Nur bei einigen Arten beobachtete ich deutliche Nervenäste, die am vorderen Rande des Gehirnes ihren Ursprung hatten und zum vorderen Ende des Kopflappens ausliefen; so bei Enchyt. galba (Taf. VII. Fig. 2.), Ench. Perrieri (Taf. VIII. Fig. 2.), Ench. Leydigii (Taf. IX. Fig. 9.), Ench. leptodera (Taf. X. Fig. 1.). Es kamen gewöhnlichst zwei, drei oder vier Nervenäste zum Vorschein und verloren sich in den langen Hypodermisdrüsen des Kopflappens. Hiernach wäre den Kopfdrüsen die Funktion der Tastorgane zuzuweisen.

Nebst diesen, aus dem Gehirne direkt ausgehenden Nerven, sind noch die Äste zu erwähnen, die in den Seitenkommissuren ihren Ursprung haben. Dieselben kommen bei Ench. appendiculatus (Taf. II. Fig. 9.), Ench. galba (Taf. VII. Fig. 1.) und Ench. Perrieri (Taf. VIII. Fig. 2.) vor.

Die allgemeinen Verhältnisse des Bauchstranges lassen sich in Folgendem ausdrücken:

Aus den vorderen Seitentheilen des Gehirnes entspringt zu beiden Seiten des Oesophagus je eine Commissur, die den besprochenen Theil des Darmkanals umfasst und unterhalb desselben sich zu einem grossen Suboesophagealganglion verbindet (Taf. XIV. Fig. 2 sbg). Von da aus entsteht der Bauchstrang als eine Reihe von hintereinander folgenden, mehr oder minder angeschwollenen ganglienartigen Verdickungen. Dieselben treten bei Anachaeta in den letzten Segmenten als deutliche, durch schwache Commissuren verbundene Ganglien hervor (Taf. I. Fig. 9.) In den ersten fünf Segmenten findet man bei allen Gattungen zwischen je zwei grösseren ganglienartigen Anschwellungen noch ein kleineres Ganglion, das in der Intersegmentalfurche liegt, sonst aber von derselben Beschaffenheit ist, wie die Segmentalanschwellungen. Das Suboesophagealganglion übertrifft an der Grösse alle übrigen Bauchganglien. (Siehe Ench. Perrieri Taf. VIII. Fig. 2: *soe* Suboesophagealganglion, bg^2 Segmentalganglion, bg^1 Intersegmentalganglion): desgleichen auch bei Pachydrilus Pagenstecheri (Taf. XIV. Fig. 2. *sbg, intg.*) Vom 5. Segment aus sind die Segmentalanschwellungen kleiner, die Intersegmentalganglien fehlen gänzlich. Anachaeta ist dadurch ausgezeichnet, dass sie in dem 12. Segment ein mächtig angeschwollenes Ganglion besitzt, das eine bedeutende Fläche der Bauchseite desselben Segmentes einnimmt.

Der Bauchstrang des vorletzten Segmentes geht in einen deutlichen Keimstreif des letzten borstenlosen Segmentes über, was bei allen mir bekannten Oligochaeten der Fall ist.

Von den einzelnen Ganglien gehen zu beiden Seiten des Körpers Nervenäste aus, die sich an der Leibeswand in den Muskelschichten verlieren.

Im feineren Baue des Bauchstranges sind folgende Theile zu unterscheiden: Neurilemm, die Leydigschen Riesenfasern, welche CLAPARÈDE [1]) auch und mit Recht Bauchstrangröhren nennt und das eigentliche, aus Nervenzellen und Fasern bestehende Nervenmark. Eine Muskelschicht, ein inneres Neurilemm und Gefässe — die Elemente, welche von LEYDIG und CLAPARÈDE bei Lumbricus so trefflich erkannt worden sind, und welche ich neuerdings auch bei Criodrilus nachweisen kann, — sind bei den Enchytraciden nicht vorhanden. Ebenso habe ich nichts von einem Chordazellenstrange wahrgenommen, welchen SEMPER [2]) bei Nais beschreibt. Wie sich sonst die Muskelschicht am Nervenstrange der Enchytraciden modificirt, werde ich unten näher besprechen.

Das Gehirnneurilemm geht auf die Seitencommissuren und hiemit auch auf den Bauchstrang und dessen Seitennerven über. Auf auspraeparirten und schwach gefärbten Stücken des Bauchstranges kann man wahrnehmen, dass es eine feine, aus Zellen bestehende Membran ist, die somit dem äusseren Neurilemm des Gehirnes entspricht.

Die Leydigschen sog. Riesenfasern hat schon CLAPARÈDE bei Pachydrilus und anderen Oligochaeten entdeckt. Dieselben sind bei sämmtlichen Enchytraciden zu 2 vorhanden und verlaufen durch die fascrige Substanz des Bauchstranges vom Suboesophagealganglion bis in das vorletzte Segment. An Querschnitten erscheinen sie als helle, schwach contourirte Feldchen und scheinen mit einer feinen Membran umgeben zu sein (Taf. IV. Fig. 8. 9, Taf. XI. Fig. 3., 5., 6., 8., 9). Claparède nennt dieselben auch Bauchstrangsröhren, was sie auch thatsächlich sind. Nebstdem scheint es, dass sie aus einer knorpelartigen Substanz bestehen. Über die Natur dieser Gebilde werde ich in einer anderen Arbeit über Criodrilus nähere Angaben mittheilen.

Der eigentliche Nervenstrang besteht aus Nervenzellen und Leydigs fibrillärer Punktsubstanz. Da ich über die Verhältnisse dieser Elemente später genauere Angaben zu liefern beabsichtige, so berühre ich dieselben nur kurz an dieser Stelle. Die Nervenzellen liegen hier nicht in derselben Gruppirung wie bei den übrigen bisher bekannten Anneliden (Polychaeta, Nais etc.), wo sie bekanntlich in drei Zügen im Bauchstrange liegen, sondern bilden auf der unteren Seite desselben eine ununterbrochene vom Suboesophagealganglion bis zum vorletzten Körpersegmente sich hinziehende Schicht. In den letzten Körperregionen bilden die Nervenzellen die eigentliche Substanz des Bauchstranges (Taf. XI. Fig. 5. *bs*); hier fehlt überhaupt die fibrilläre Punktsubstanz.

Die Ganglienzellen sind rund oder oval, und mit einem Stiele versehen, welcher immer gegen die Punktsubstanz gerichtet ist. Diese Zellen sind in einer granulösen Nervenmasse eingelagert, die in die fibrilläre Punktsubstanz übergeht. Sie besteht aus vielfach verflochtenen Nervenfasern, welche in den Schlundkommissuren ihren Anfang nehmen und sich längs des Bauchstranges hinziehen; dieselben gehen auch in die Seitennerven über. Die granulöse Masse, welche zwischen den Nervenzellen zerstreut ist, dürfte den, von CLAPARÈDE in derselben Form auch bei Lumbricus beobachteten und als Stützsubstanz der Nervenzellen gedeuteten Kernen, entsprechen.

Ähnlich wie das Gehirnganglion ist auch der Bauchstrang mittelst besonderer Muskeln an der Leibeswand befestigt. An lebenden Thieren kann man aber diese Muskeln nicht wahrnehmen; dagegen treten sie an Querschnitten sehr schön hervor und dann kann man die verschiedene Befestigungsweise derselben an der Leibeswand und an dem Bauchstrange verfolgen. Die Nervenmuskeln sind in den vorderen Körpersegmenten nur auf besondere Regionen beschränkt, so dass sie nicht an allen Querschnitten zum Vorschein kommen. So sieht man an einem Querschnitte durch das Suboesophagealganglion von Ench. humicultor (Taf. IV. Fig. 2. *g*), dass dasselbe ohne Muskeln ist. Dagegen treten schon an einem Querschnitte, welcher durch die Septaldrüsen von Ench. hegemon (Taf. XI. Fig. 1. *bs*) geführt wurde, die den Bauchstrang an die Leibeswand befestigenden Muskelstränge deutlich hervor (*m'*). Endlich findet man in den hinteren Körperregionen, dass die Nervenmuskeln äusserst deutlich an jedem Querschnitte vorkommen. Ihre Funktion ist wohl die, den Bauchstrang bei den Bewegungen des Thieres in gerader Richtung zu erhalten.

---

[1]) CLAPARÈDE: Hist. Untersuch. über den Regenwurm p. 588.
[2]) Die Verwandtschaftsbeziehungen der gegliederten Thiere. Untersuch. von C. Semper II. Bd. 1876.

Nun sind aber die Umstände zu besprechen, wie sich diese Muskeln zum Bauchstrange, zum Bauchgefässe und Darme und zuletzt zu der Muskulatur der Leibeswand verhalten.

An Querschnitten nimmt man wahr, dass der Bauchstrang sich über einer, die Längsmuskeln der Leibeswand unterbrechenden Furche erhebt (Taf. XI. Fig. 1., 3., 5., 8. f; Taf. IV. Fig. 9. f). In der Tiefe der besprochenen Furche nehmen die Nervenmuskeln in der Quermuskelschicht ihren Anfang. Man findet 2 Paare solcher Muskeln, die inneren (m^1), und die äusseren (m^2).

An manchen Querschnitten sieht man, dass die beiden Muskelpaare sich an das Neurilemm des Bauchstranges inseriren (Taf. IV. Fig. 8., 9 m^1 m^2), an anderen ist dagegen etwas Anderes wahrzunehmen.

Der bereits besprochene Querschnitt durch die Septaldrüsen bei Ench. hegemon (Taf. XI. Fig. 1.) zeigt die inneren Muskeln als sehr kurze Stränge, die an der unteren Seite des Bachstranges befestigt sind, wogegen sich die äusseren Muskelstränge links und rechts durch die Leibeswand oberhalb der Längsmuskelschicht der Leibeswand hinziehen, um sich an der Insertionstelle der Septalmuskeln mit der Leibeswand zu verbinden. Dasselbe Verhältniss kann man auch an einem Querschnitte durch die Speiseröhre von Ench. leptodera (Taf. XI. Fig. 6 m^2) beobachten. Anders gestalten sich die Nervenmuskeln an Querschnitten anderer Körperregionen. Im 7. Segmente sieht man bei Ench. leptodera, dass die inneren Muskeln in der Quermuskelschicht der Leibeswand entspringen und sich nach kurzem Verlaufe an der unteren Seite des Bauchstranges (Taf. XI. Fig. 3 m^1) inseriren.

Die äusseren Muskeln (m^2) haben ihren Ursprung an demselben Punkte der Leibesmuskulatur wie die inneren Muskeln, ziehen sich aber weit in die Leibeshöhle hin, um sich zuletzt an die Darmwand anzusetzen; der Bauchstrang sowie das Bauchgefäss befindet sich innerhalb dieser Muskeln. An den Querschnitten von hinteren Körperpartien inseriren sich die äusseren Muskeln ebenfalls an den Darmwandungen (Taf. XI. Fig. 8. m^2). Die inneren Muskeln stehen dagegen in keiner direkten Verbindung mit dem Bauchstrange, sie umfassen denselben dicht zu beiden Seiten und heften sich an die Wandungen des Bauchgefässes an (Taf. XI. Fig. 8. m^1) Im vorletzten Segmente derselben Art nimmt man endlich wahr, dass die äusseren Muskeln (Taf. XI. Fig. 5. m^2) von den inneren Strängen divergiren, um sich an die Leibeswandung zu inseriren. Die inneren (m^4) setzen sich fest an den Bauchstrang an, ohne jedoch mit ihm zu verwachsen, schliessen das Bauchgefäss ein und entsenden zuletzt ein gemeinschaftliches Ligament zur Darmwandung (lg^1). Auch zu beiden Seiten dieses, den Bauchstrang und das Bauchgefäss einschliessenden Muskelkreises, entspringt ein Paar Muskeln, die bogenförmig den Leibesraum durchziehen und sich an den Seitentheilen des Darmrohres befestigen.

Soviel über das topografische Vorkommen der besagten Muskeln. Ich habe sie bei Ench. humicultor (Taf. IV. Fig. 8., 9.), Ench. leptodera (Taf. XI. Fig. 3., 5., 6., 8.) und Ench. hegemon (Taf. XI. Fig. I.) untersucht und überall in übereinstimmenden Verhältnissen gefunden. Man kann danach urtheilen, dass sie bei allen Enchytraciden in derselben Weise vorhanden sind. Wenn nun diese Muskeln auch als keine eigentliche Schicht des Bauchstranges aufzufassen sind, so unterliegt es doch keinem Zweifel, dass sie denuoch der Muskelschicht des Bauchstranges entsprechen, wie dieselbe CLAPARÈDE und LEYDIG bei Lumbricus fanden und wie sich sie in ähnlicher Weise bei Criodrilus nachweisen kann. Ihre Entwickelung fällt offenbar in die ersten Perioden der Bauchstrangsbildung, wie ich im Folgenden darthun will.

Ueber die Entwickelung des Centralnervensystems bei den Anneliden sind die Arbeiten von SEMPER und HATSCHEK[1]) neuerer Daten hervorzuheben. In der Arbeit des letzteren Forschers heisst es: „Die erste Anlage des Nervensystems findet man bei Lumbricus an solchen Embryonen, in deren vorderen Segmenten schon Segmentalorgane sich entwickeln, als eine vor dem Mundwulste gelegene Verdickung des Ectoderms (Scheitelplatte)."

(Diese Angabe entspricht vollkommen der Beschreibung und Abbildung, welche schon D'UDEKEM[2]) über diesen Gegenstand liefert.) •

„Bald beginnen von den Seitentheilen der Scheitelplatte aus zwei strangförmige Verdickungen des Ectoderms sich nach hinten zu den Seiten des Mundes bis in die vorderen Segmente auszudehnen, wo sie zu beiden Seiten der Mittellinie liegen. Mit der Weiterentwickelung der nächstfolgenden Segmente erstrecken sich diese Stränge (Seitenstränge oder Medullarplatten) weiter nach rückwärts. Zwischen den beiden Strängen bilden die Ectodermzellen eine seichte Rinne, die sich später vertieft und endlich einstülpt. Ihre Wände bilden dann den mittleren Theil des Bauchstranges, welcher sich alsbald vom oberen Blatte abschnürt, nachdem das obere Schlundganglion schon früher vollkommen zur Sonderung gekommen ist."

Dieser Angabe zu Folge lassen sich auch die Verhältnisse des Nervensystems der Enchytraeiden erklären. Der Bauchstrang hat sich durch die Verdickung des Ectoderms entwickelt. Durch seine Einstülpung entstand wahrscheinlich in der Centrallinie ein Canälchen, welches aber später durch die zusammenwachsenden Zellenelemente der

---

[1]) HATSCHEK Beitr. z. Entwickl. u. Morphologie der Anneliden. Sitzbericht. d. Wiener Akademie. Bd. 74. I. Abth. Oktoberheft 1876.
[2]) D'UDEKEM Dévelopement der lombric. terrestre l. c. p. 34. Pl. II. Fig. 19.

Bauchstranges verloren gieng. Zugleich bildete sich die Muskulatur der Leibeswandung; die die Ringmuskelschicht bildenden Muskelfasern differenzirten sich in der Bauchmittellinie zu zwei Paaren von Muskelsträngen, von welchen sich die inneren an das Neurilemm des Bauchstanges inserirten, wogegen die äusseren eine mächtigere Entwickelung erreichten und sich entweder an die inneren Leibeswandungen anhefteten, oder mit der Darmwandung in Verbindung traten. Der sich von dem Ektoderm abschnürende Nervenstrang wurde somit über die Muskulatur der Leibeswand erhoben und in der Muskelschicht entstand eine von oben vom Bauchstrange bedeckte Furche.

Mit dieser Auffassung steht auch die Entstehung des Nervensystems bei Tomopteris [1]) im Einklang. Das verdickte Ectoderm stülpte sich zwar ein, doch erhob sich nicht über die Muskelschichten des Leibesschlauches, welche ihn von der oberen Seite her bedecken.

Wahrscheinlich verhält sich auch die sog. Bauchlinie der Nematoden in derselben Weise, wie ich nach den Abbildungen und der Beschreibung des Nervensystems der Gordiaceen von VILLOT [2]) annehmen darf. Dasselbe wie bei Enchytraeiden fand ich auch bei Polyophthalmus pictus von Triest.

Über das *Schlundnervensystem* der Enchytraeiden liegen zwei Angaben von RATZEL [3]) vor. Dasselbe soll drei, im 4., 6. und 7. Körpersegmente liegende, von mir als Septaldrüsen gedeutete Ganglienpaare bilden. Diese drei Paare hangen nach Ratzel durch einen zu beiden Seiten des Darmes verlaufenden Längsstrang zusammen. „Der Längsstrang," sagt RATZEL weiter, „entspringt aus dem Hinterende des dem siebenten Körpersegment entsprechenden dritten Knotenpaares und verbindet seitlich vorbeilaufend sich mit dem zweiten und ersten (den sechsten und vierten Körpersegment entsprechenden), indem seine Hülle continuirlich in die dieser Körper (Schlundnervenganglien) übergeht. Da die Seiten des Darmes im fünften Segment von den Samentaschen eingenommen werden, legt der das zweite Knotenpaar mit dem ersten verbindende Theil des Längsstranges sich über die ventrale Seite jener Organe hinweg. An der Seite, wo der Strang das vordere Knotenpaar verlässt, um weiter nach vorn sich zu erstrecken, bildet er eine scharf abgesetzte nach aussen und ventral gelegene Ausstülpung, welche mit der der anderen Seite durch eine ventrale Quercommissur verbunden ist; diese letztere bildet ihrerseits zu jeder Seite der Mittellinie eine kleinere, nach hinten gerichtete, knotenförmige Ausstülpung. Von da läuft der Strang mit gleichmässiger, geringerer Dicke nach vorn, wo er im zweiten Segment sich wieder verdickt und eine Quercommissur abgibt, welche in Grösse und in Bildung zweier Knoten ganz der oben erwähnten, im vierten Segment gelegenen entspricht. Eine kleine Strecke von der Bildung dieser Commissur nach vorne theilt der Strang sich in drei Äste von ungleicher Dicke; der äusserste, dickste dieser Äste theilt sich bald in vier, die zwei anderen in zwei bis drei weitere Äste, die sich alle in dem Theil der Darmwand, welche von dem muskulösen Schlund bis zur Mundöffnung die Wandung einer Art von Mundhöhle bildet, verbreiten. Sie vereinigen sich jedoch bald wieder unter Bildung von Knoten beim Zusammentreten, zu dickeren Ästen, welche erst zu einem Bündel und dann vollständig verschmolzen an die Innenseite der Commissur des Schlundringes, kurz nach deren Abgang vom Gehirn treten und mit ihr sich verbinden."

Ich habe absichtlich diese Angabe wörtlich wiedergegeben, um die Unterschiede meiner Beobachtungen an mehreren Arten hervorzuheben. Schon oben habe ich darauf hingewiesen, dass die Zahl der von RATZEL als dorsale Knotenpaare, von mir aber als Septaldrüsen gedeuteten Gebilde nicht drei, sondern vier ist; weiter dass es bei Anachaeta und Enchytraeus appendiculatus keine paarigen Körper, sondern unpaarige, die Speiseröhre ringsum umgebende Drüsen sind. Darnach ist es auch nicht möglich die wesentlichen, so schwankenden an Grössenverhältnisse derselben, wie es RATZEL thut, — anzugeben. Bei keiner Art, die ich in Bezug auf die Ratzelschen Angaben über das Schlundnervensystem untersuchte, gelang es mir durch keine Präparirmethode die Verhältnisse so zur Anschauung zu bringen, wie es dieser Forscher darstellt. — Und man könnte es doch bei so günstigen Beobachtungsobjekten, wie Anachaeta, Enchytraeus appendiculatus und Pachydrilus sphagnetorum erwarten! Übrigens ist es nicht vorauszusetzen, dass Ratzel bei einer anderen Art zu den citirten Resultaten gekommen wäre.

Ich will zunächst die Verhältnisse des Schlundnervensystems bei Anachaeta und Pachydrilus beschreiben, und sodann den Vergleich zu den übrigen Oligochaeten ziehen. Bei Anachaeta (Taf. II. Fig. 1 *ns*) entspringt von der Innenseite der Schlundcommissur jederseits ein Nerv, der sich gegen den Schlund hinzieht. Hier verzweigt sich derselbe in zahlreiche Nervenäste, die sich in den Schlundwandungen verlieren. Den Ausgangspunkt dieser Seitenäste bildet eine unbedeutende Anschwellung, welche nicht nur aus Nervenfasern, sondern auch aus einigen kleinen Ganglienzellen besteht. Bei Enchytraeus hegemoni gelang es mir gerade durch dieses Ganglion einen Querschnitt zu führen (Taf. XI. Fig. 1 *go*). Man sieht da an den oberen Partien des Schlundes zwei zellige Knoten,

---

[1]) VEJDOVSKÝ: Beiträge zur Kenntniss der Tomopteriden. Z. f. w. Z. Bd. XXXI. 1878.
[2]) VILLOT: Monographie des Dragonneaux. Archiv zool. expér. et génér. Vol. III. 1874. pag. 186. Pl. VIbis.
[3]) RATZEL: Beiträge z. Anat. von Ench. vermicularis pag. 99—100.
     „   Beiträge z. Anat. und syst. Kennt. d. Oligochaeten.

die ich nur für Ganglien ansehen kann. Aus denselben ziehen sich 4 Stränge in die muskulöse Substanz des Dissepimentes, die ihrem Baue nach als Muskelfasern aufzussen sein dürften. Der Querschnitt des angegebenen Ganglions könnte wohl der von Ratzel gelieferten Beschreibung und Abbildung[1]) des Nervenstranges entsprechen, welcher sich nach der Bildung einer gangliösen Anschwellung in drei nach vorn verlaufende Äste theilt, zugleich aber eine Quercommissur unterhalb des Schlundes bilden soll.

Bei Pachydrilus sphagnetorum fand ich (Taf. XIII. Fig. 2) im 4., 5., 6. und 7. Segment grosse, helle elliptische Septaldrüsen, die mittelst einer dünnen Septalmembran oberhalb der Speiseröhre in jedem Segmente zusammenhangen. An der Bauchseite sieht man zu beiden Seiten der Speiseröhre einen aus dünnen Fasern bestehenden Strang, der aber nicht an der Darmwand befestigt ist, sondern sich frei durch die Leibeshöhle hinzieht. Diese Stränge haben ihren Ursprung auf der oberen Seite des vierten Septaldrüsenpaares und stehen hier mit der Peritonaealmembran in Verbindung. Von da aus begeben sie sich nach unten zum dritten Paare der Septaldrüsen, und befestigen sich ebenfalls auf die Peritonaealmembran derselben. In demselben Verhältniss stehen beide Stränge zum zweiten und ersten Paare der Septaldrüsen. Doch war ich in keinem dieser Fälle im Stande die Bauchkommissuren zwischen beiden Strängen und die dadurch gebildeten Bauchganglien zu finden. Auch kommen hier keine Ganglienzellen zum Vorschein. Zuletzt ist auch hervorzuheben, dass diese Stränge in den einzelnen Segmenten der Länge nach nicht zusammenhängen, sondern durch die Septalmembran der entsprechenden Segmente unterbrochen werden und sich mit der, die Septaldrüsen umhüllenden Peritonaealmembran verbinden. Den Zusammenhang der Stränge vom ersten Paare der Septaldrüsen bis zu den Schlundkommissuren konnte ich nicht ermitteln.

Nach dem bisher Geschilderten kann man das Vorkommen eines Schlundnervensystems bei Anachaeta und Enchytraeus hegemon feststellen; indessen ist dadurch nicht ausgeschlossen, dass dasselbe auch bei übrigen Arten nicht vorkommen könnte; es ist jedoch nicht anzunehmen, dass dieses Nervensystem so complicirt erscheint, wie RATZEL angibt.

Die Seitenstränge, die sich zwischen einzelnen Septaldrüsenpaaren hinziehen, und mit der Darmwandung in keiner Verbindung stehen, halte ich für Muskelsträuge, mittelst welchen die besagten enorm entwickelten Septaldrüsen bei den Bewegungen des Thieres in wagerechter Lage erhalten werden.

In Hinsicht auf das Schlundgeflecht stimmen somit die Enchytraeiden mit übrigen Oligochaeten überein. LEYDIG erwähnt dasselbe bei Chaetogaster und Phreoryctes, weiter auch mit D'UDEKEM[2]), FAIVRE und CLAPARÈDE bei Lumbricus. Das Vorkommen des Sympathicus beschreibt PERRIER auch bei Urochaeta.

4. Darmkanal.

Die zwischen dem Kopf- und Mundlappen liegende Mundöffnung stellt eine breite Querspalte dar. Diese führt in die, mit einer feinen Cuticularmembran ausgekleidete Mundhöhle, welcher dann der eigentliche Schlundkopf folgt. Von aussen her wird die Mundöffnung von der Unter- und Oberlippe geschlossen. Zur Erweiterung der Mundöffnung dienen die aus der Quermuskelschicht des Leibesschlauches ausgehenden und sich theils an die Unterlippe, theils an die Mundwand inserirenden Muskelbündel. Diese Muskeln beobachtete ich bei Pachydrilus Pagenstecheri (Taf. XIV. Fig. 2. m^1, m^2); sie ziehen sich unter der Mundhöhle quer in die Leibeshöhle hin. Die beiden mittleren sind länger als die äusseren, im zweiten Segment in der Quermuskelschicht des Leibesschlauches entspringenden Muskelzüge.

Bei Anachaeta sind die Muskeln besonders an gefärbten Praeparaten in Profillage gut zu untersuchen. Man findet hier 4 Muskelfasern (Taf. II. Fig. 1. m^1, m^2, m^3, m^4), von welchen sich die beiden mittleren an der Unterlippe, die beiden seitlichen an der Mundwand befestigen und sich andererseits an der Quermuskelschicht des zweiten Leibessegmentes inseriren. Die obere Mundwand wird in ihrer Lage durch vier andere Muskelfasern gehalten, welche quer in die Leibeshöhle des Kopfsegmentes verlaufen und sich mit dem Leibesschlauche verbinden (Taf. II. Fig. 1. ms^1, ms^2, ms^3, ms^4).

Schliesslich ist noch ein Paar von Muskelzügen zu nennen, welche sich zu beiden Seiten an die Mundwand und andererseits an den Leibesschlauch inseriren (Taf. II. Fig. 1. ms^5). Ihr Zweck kann nur der sein, die Mundhöhle zu erweitern. An lebenden Thieren und zumal bei Besichtigung derselben von der Bauchseite scheinen die Muskelzüge der Unterlippe mit dem Bauchstrange in Verbindung zu sein. Die Muskeln der oberen Mundwand bieten dagegen den Anschein, als ob sie aus dem Gehirn entspringen und als Zweige desselben zum Vorderrande des Kopfsegmentes

---

[1]) RATZEL: Beitr. z. anat. und syst. Kennt. etc. pag. 575. Taf. XLII. Fig. 9.
[2]) D'UDEKEM: Mém. sur les Lombricius. Mém. Acad. Belg. 1862. Tom. XXXV. —

auslaufen würden. Die Profillage und die Färbung des Praeparates belehrt uns eines Anderen. (Meiner Vermuthung nach hat RATZEL[1]) die Muskelzüge der Unterlippe als Verbindungsäste des Schlundnervensystems mit den Commissuren betrachtet.) Auf die Mundhöhle folgt der dem Oesophagus anderer Anneliden entsprechende, in seiner äusseren Gestalt aber sehr abweichende Abschnitt, welchen BUCHHOLZ Pharynx nennt. Ich will ihn als Oesophagus bezeichnen, da er in seiner Lage an den gleichnamigen Theil des Darmrohres anderer Anneliden erinnert. Der Bau dieses Schlundkopfes ist sehr eigenthümlich. Besieht man das lebende Thier von der Rückenseite, so sieht man im 2. Segment (Taf. II. Fig. 1. *boe*, Fig. 3 *boe*) ein elliptisches, quergestreiftes Organ, welches durch beständige Bewegung vermöge der Muskelkontraktionen, manchmal bis in das dritte Segment zu liegen kommt. Dieses Organ, (von BUCHHOLZ als Bulbus oesophagi bezeichnet), wurde bisher in seinem Bau verkannt. Der erwähnte Forscher sagt zwar, „dass der Bulbus vielmehr durch eine halbkugelige blindsackförmige Ausstülpung des Oesophagus gebildet wird, welche nach der Dorsalseite des Thieres zugekehrt wird, während an der ventralen Seite der Pharynx unmittelbar geradlinig sich in den Oesophagus fortsetzt," betrachtet aber „die deutliche circuläre Streifung" als Muskeln.

Die wahre Natur des Bulbus lässt sich am besten an Querschnitten erkennen (Taf. IV. Fig. 2. Taf. XI. Fig 2.) Auf Taf. IV. Fig. 2. sieht man einen Querschnitt durch die mittlere Region des Oesophagus. Die seitlichen Theile der Wandungen erscheinen hier sehr schwach, während die ventrale Partie schon dicker ist. Unverhältnissmässig dick erscheint aber die dorsale Wandung des Oesophagus. Bei näherer Untersuchung erkennt man gleich, dass diese Verdickung nur durch die enorme Entwickelung des Epithels verursacht wird. Während die Seitentheile nur durch gewöhnliche Epithelzellen gebildet sind, erscheinen die Zellen an der Ventralseite als lange Cylinderzellen, die der Dorsalseite gestalten sich aber als prismatische mit körnigem Inhalte und grossen Kernen verschene Drüsensäulen. (Taf. IV. Fig. 2. *ept*). An Querschnitten verschiedener Arten von Enchytraeiden erscheint in der Verdickung eine contrale Falte. Bei stärkerer Vergrösserung fand ich an der Oesophagushöhle eine dicke, gestreifte Cuticula (*cu*). Das dorsale, als eine Säulenschicht sich gestaltende Epithel, stellt den besprochenen Bulbus dar. Oberhalb desselben sieht man an Querschnitten die zahlreichen, in allen möglichen Richtungen mit einander verfilzten Muskelfasern (Taf. IV. Fig. 2. *bg*) und innerhalb derselben liegt der Querschnitt des Rückengefässes (*vd*). Von der Oberfläche des Schlundkopfes (Taf. II. Fig. 1. *moe*, Taf. IV. Fig. 2. *bm*, Taf. III. Fig. 1. *bm*) gehen zum Leibesschlauche zahlreiche Muskeln ab, welche sich im 6. Körpersegment festsetzen. „Durch die Thätigkeit dieser zahlreichen Muskeln findet ein fortwährendes Hin- und Herbewegen des Bulbus statt," wodurch die aufgenommene Nahrung, welche namentlich aus Erde und Wurzeln besteht, zermalmt wird. Die Drüsenzellen scheiden nebst dem ein wirksames Secret zur Auflösung der Nahrung aus.

Zur Verdauung der aufgenommenen Nahrung bedienen sich die Enchytraeiden noch eines anderen Secretes, welches von den **Speicheldrüsen** abgesondert wird. Diese Organe liegen bei den meisten Arten an der Basis des Schlundkopfes, während sie nur bei Enchytraeus appendiculatus mehr nach hinten direct in die Speiseröhre einmünden (Taf. II. Fig. 6. *spd*). Die Stelle der Mündung liegt im 3. Segmente entweder an der Dorsalseite (Enchytraeus Buchholzii, E. galba und humicultor), oder zu beiden Seiten (Ench. leptodera) oder einzelt auf der Ventralseite (Ench. appendiculatus) der Speiseröhre. Die Speicheldrüsen stellen zwei verschieden sich gestaltende Schläuche dar, welche je nach der Entwickelung bei den einzelnen Arten mehr oder weniger zum Vorschein kommen. In der einfachsten Form erscheinen sie als lange, bis in das 6. Segment sich erstreckende Schläuche, die mit einem centralen Kanal versehen, sich bei einigen Arten nach hinten verjüngen oder erweitern, oder sich als büschelförmige Knäuel kundgeben. Als einfache, unverästelte Schläuche kommen die Speicheldrüsen bei Ench. humicultor vor (Taf. V. Fig. 5.), bei Anachaeta behalten sie die Form der Segmentalorgane (Taf. II. Fig. 3.).

Bei Ench. Buchholzii (Taf. III. Fig. 1. *sd*) münden die Schläuche dicht neben einander an der Dorsalseite in die Speiseröhre mittelst eines erweiterten drüsigen Ausführungsganges, ziehen sich dann nach hinten, wo sie im 3—4. Segment ein dicht verschlungenes Knäuel bilden. Den eben besprochenen Formen der Speicheldrüsen nähert sich jene, welche bei Ench. leptodera erscheint (Taf. X. Fig. 2.) Man sieht hier einen, durch einen breiten Ausführungsgang in die Speiseröhre mündenden dickwandigen Kanal, welcher sich nach hinten immer mehr in zickzackförmigen Windungen verjüngt und im 6. Segmente ein grosses Knäuel von dicht verschlungenen Kanälchen an der Bauchseite bildet. Diese Kanälchen zeigen schon zahlreiche Verästelungen, welche zumal an auspraeparirten Speicheldrüsen zum Vorschein kommen.

Bei anderen Arten kommen nur verästelte Speicheldrüsen vor. Bei Ench. Leydigii (Taf. IX. Fig. 13), und. E. galba (Taf. VII. Fig. 2.) erscheinen die Speicheldrüsen als gerade, sich nach hinten erstreckende Kanäle, welche sich im 5. oder 6. Segmente spärlich dichotomisch verzweigen. Anders verhält es sich bei Ench. Perrieri (Taf. VIII. Fig. 3.) Der in die Speiseröhre mündende Kanal verästelt sich im 5. und 6. Segmente in ein Büschel; von da aus geht wieder ein gerader Kanal, welcher in der Leibeshöhle des 6. Segmentes abermals ein verästeltes Knäuel bildet.

In einer sehr verästelten Form kommen die Speicheldrüsen bei Ench. hegemon und E. lobifer vor (Taf. XII. Fig. 2. Taf. IX. Fig. 8.) Der centrale Kanal verästelt sich hier in seinem ganzen Verlaufe in zahlreiche Seitenäste, welche

---

[1]) RATZEL: Beiträge etc. Taf. VI. Fig. 1a.

wieder kürzere blinde Kanälchen entsenden. Zuletzt ist die, bei E. appendiculatus vorkommende Form der Speicheldrüsen zu erwähnen ((Taf. II. Fig. 6. *spd*). Hier beschränken sich die besagten Organe nur auf das 4. Segment und stellen einen kurzen Kanal dar, welcher nach hinten in eine aufgeschwollene und gelappte Ampule übergeht. Die Wandungen dieser Speicheldrüsen sind vielfach gefaltet, und darnach wurden sie von BUCHHOLZ als „vielfach gewundene Schläuche" beschrieben. Die Abbildung, welche Buchholz von diesen Organen giebt, entspricht offenbar den Speicheldrüsen, welche nur bei E. Buchholzii vorkommen. RATZEL[1]) bestreitet zwar die einfache Knäuelung der Speicheldrüsen und will dieselben nur in verästelter Form gesehen haben; es ist aber wahrscheinlich, dass RATZEL nur die oben angezogenen mit verästelten Speicheldrüsen versehenen Arten untersuchte.

Im feineren Bau erscheinen die Speicheldrüsen nicht bei allen Arten gleich. Die einfachen, nicht verästelten Speicheldrüsen (bei Ench. humicultor Taf. IV. Fig. 3.) bestehen, wie ihr Querschnitt zeigt, aus wenigen Zellen, welche mit grossen ovalen Kernen und feinkörnigem Inhalte versehen, einen Centralkanal bilden, der stets mit homogener Substanz erfüllt ist und dieselbe in den Oesophagus entleert. Der dickwandige Ausführungsgang, welchen ich bei Ench. leptodera erwähnte, erscheint an Querschnitten (Taf. XIII. Fig. 17. *sp*) aus vielen epithelartigen Säulchen zusammengesetzt, welche ein enges Lumen bilden und an der inneren Seite von einer muskulösen Membran umhüllt sind. Weiter nach hinten ist diese äussere Membran sehr undeutlich.

Die drüsige granulirte Masse, welche BUCHHOLZ[2]) in den Wandungen der Speicheldrüsen erkannte, entspricht den drüsigen Zellen ähnlich gebauter Speicheldrüsen bei E. humicultor.

Viel complicirter ist der Bau der verästelten Speicheldrüsen bei E. lobifer, E. hegemon, E. Leydigii und galba. An gefärbten Praeparaten von Ench. hegemon (Taf. XIII. Fig. 11.) erscheinen zahlreiche, grosse Kerne (Fig. 11. *sp*) an der Oberfläche der Speicheldrüsen, welche offenbar den Epithelzellen angehören; nie habe ich hier eine Zellstructur wahrgenommen. Darunter findet man eine deutliche Muskellage, welche von Zeit zu Zeit schwache Contractionen ausübt, und dadurch den im centralen Kanal befindlichen homogenen Inhalt in den Oesophagus entleert.

Was die morphologische Bedeutung dieser Organe anbelangt, so betrachte ich dieselben als modificirte Segmentalorgane und kann demnach nicht mit RATZEL[3]) einverstanden sein, nach dessen Ansicht die Speicheldrüsen durch Ausstülpung der Darmwand entstanden. Meine Auffassung wird durch folgende Gründe unterstützt.

Die Speicheldrüsen kommen der Gattung Enchytraeus und Anachaeta zu. Bei der Gattung Pachydrilus fehlen sie gänzlich. Hier findet man schon im 3., 4., 5. und 6. Segmente entwickelte Segmentalorgane. Die Segmentalorgane beginnen bei Enchytraeus erst im siebenten Segmente; nur bei E. ventriculosus nehmen sie schon im 4. Segment ihren Anfang und sind auch im 5. und 6. Segment vorhanden. Nun ist es aber eben diese Art, wo die Speicheldrüsen sehr verkümmert sind und nur als kurze Seitenanhänge des Oesophagus erscheinen.

Bei den übrigen Arten, bei denen die Segmentalorgane mit dem 7. Segmente beginnen, befinden sich in den vorderen Segmenten (3—6) die Speicheldrüsen.

Ähnliche Verhältnisse findet man auch bei Anachaeta. Die Speicheldrüsen münden bei dieser Gattung im 3. Segmente in die Speiseröhre und erstrecken sich weiter nach hinten bis in das 5. Segment, während im 6. Segment das erste Paar der Segmentalorgane vorhanden ist. Morphologisch sind also die Speicheldrüsen als Segmentalorgane zu betrachten, welche im 3., 4., 5. und 6. Segmente verwachsen und in die Speiseröhre in Verbindung treten.

Für die Homologie der Speicheldrüsen mit den Segmentalorganen sprechen wohl manche Arten, bei welchen sich noch an den erstgenannten Organen Spuren der Segmentalorgane erkennen lassen. Ich brauche nur auf die Speicheldrüsen von Ench. leptodera hinzuweisen (Taf. X. Fig. 2. *sg*). Die Segmentalorgane behalten hier im 6. Segment ihre Gestalt, während sie sich im 2., 4. und 3. Segment in Ausführungsgänge verlängern. Denselben Beweis liefern auch die Speicheldrüsen von Anachaeta Eisenii, Ench. Buchholzii und E. appendiculatus, sowie von Ench. Perrieri, wo die Segmentalorgane des 5. und 6. Segmentes sich zu büschelförmigen Schläuchen gestalten und durch die Ausführungsgänge unter einander verwachsen.

Bei anderen Arten, wie bei E. humicultor modificiren sich die Segmentalorgane zu langen unverästelten Schläuchen (Taf. V. Fig. 5).

Bei dieser Metamorphose und dem physiologischen Funktionswechsel erleiden die Segmentalorgane auch eine Veränderung in ihrem Baue, indem sie die innere Flimmerung gänzlich einbüssen und in ihren Wandungen einen complicirten Bau annehmen. Die äussere Schichte füllt sich mit drüsigem Inhalt, welchen sie dann als eine homogene glänzende Masse durch die Contractionen der entwickelten Muskelschichte in den erweiterten Centralkanal ausscheidet.

Die eben besprochenen Speicheldrüsen, welche wohl mit den ähnlich fungirenden Organen der Arthropoden

---

[1]) Beitr. z. Anat. von Enchytraeus vermicularis Henle l. c. pag. 107.
[2]) Buchholz l. c. pag. 103.
[3]) RATZEL: Beiträge z. Anat. von Ench. vermicularis.

zu parallelisiren sind, fehlen bei allen mir bekannten Limicolen. PERRIER¹) erwähnt zwar in seiner ausführlichen Monographie über Dero obtusa eine drüsige Masse im 6. und den vorderen Segmenten, welche er „Glandes salivaires" nennt; genauere Angaben über diese Drüsen fehlen jedoch, so dass man die erwähnte Drüse nicht näher beurtheilen kann. In seiner ausgezeichneten Arbeit über Urochaeta spricht PERRIER²) von einer ansehnlich entwickelten Drüse, welche sich im Kopfende der besprochenen Würmer vorfindet und am vorderen Ende des dritten Segmentes ausmündet (gland à mucosité); dieselbe ist vielleicht aus den in dieser Region fehlenden Segmentalorganen hervorgegangen. Ähnliche Drüsen bespricht derselbe Forscher bei der Gattung Moniligaster.³) Auch bei Polychaeten kommen homologe Organe vor; ich habe wenigstens in der Familie der Sylliden bei der Gattung Gruben 3 Paar von zu jeder Seite des Oesophagus befindlichen und die Funktion der Speicheldrüsen vertretenden Schläuchen gefunden, die wahrscheinlich auch aus Segmentalorganen hervorgegangen sind. Auch die grossen Schlauchdrüsen, welche sich zu beiden Seiten des Oesophagus bei Siphonostoma diplochaitos hinziehen, gestalten sich als metamorphosirte Segmentalorgane, wie dies schon CLAPARÈDE⁴) vermuthet hat.

Nach den eingehenden Untersuchungen von MOSELEY⁵) über Peripatus, besitzt dieses Thier merkwürdig gestaltete und im Baue mit den Enchytraeciden übereinstimmende Speicheldrüsen, die sich im ganzen Verlaufe des Thieres erstrecken und meiner Ansicht nach aus den Segmentalorganen hervorgegangen sind.

Der nachfolgende Abschnitt des Darmrohres, welchen ich als **Speiseröhre** bezeichne, erstreckt sich bei Anachaeta bis in das 6., bei Enchytraeus und Pachydrilus in das 7. Segment. Er zeichnet sich namentlich durch sein enges Lumen und dann dadurch aus, dass man in diesem Abschnitte nie Nahrungsmittel findet. Auch unterscheidet sich die Speiseröhre von dem nachfolgenden Magendarme dadurch, dass sie in ihren Wandungen keinen Blutsinus besitzt und demnach keine wellenförmigen Contractionen ausübt.

Bei manchen Arten ist der vordere Theil der Speiseröhre nicht mit Pigmentdrüsen bedeckt. So bei Ench. appendiculatus und E. ventriculosus, wo die Pigmentirung der Speiseröhre erst in der hinteren Hälfte des 7. Segmentes beginnt. Bei manchen Arten dagegen, — wie z. B. bei Anachaeta (Taf. I. Fig. 6.) bedecken die Pigmentdrüsen die Speiseröhre in ihrem ganzen Verlaufe vom Schlundkopf bis zum Magendarm. Die Verengerung der Speiseröhre giong offenbar auf die Kosten der sich mächtig entwickelnden Septaldrüsen vor sich, die sich in denselben Segmenten befinden (Taf. XIII. Fig. 2.) und bei manchen Arten die ganze Speiseröhre von allen Seiten bedecken. (z. B. bei Ench. Perrieri Taf. VIII. Fig. 5.) Diese Septaldrüsen stehen in keiner Verbindung mit der Speiseröhre und werden demnach schon bei der Leibeshöhle besprochen.

Ein Querschnitt durch die Speiseröhre in dem vordersten Theile derselben bei Ench. hegemon (Taf. XI. Fig. 1. *sp*) zeigt folgende Schichten: 1. Das Säulenepithel mit langen Wimpern. 2. Eine sehr schwach entwickelte Muskelschichte. 3. Das Peritonaeum.

'Das Epithel ist namentlich an der Bauchseite mächtig entwickelt und bildet drei in die Speiseröhre hineinragende Lappen, von welchen der mittlere der grösste ist. In dem übrigen histologischen Bau weichen die entsprechenden Epithelzellen nicht von denen des Magendarmes ab, und werden bei der Besprechung dieses Abschnittes berücksichtigt.

Der Bau der Speiseröhre weicht nur dadurch von dem des Magendarmes ab, dass zwischen den Muskelschichten des letzt genannten Abschnittes ein Blutsinus vorhanden ist, der sich in den Segmenten, wo die Speiseröhre hinzieht, zum Rückengefässe umbildet.

Der Uebergang der Speiseröhre in den eigentlichen Darm, oder vielmehr Magendarm ist eigenthümlich charakterisirt. Es wurde bereits oben erwähnt, dass man in der Speiseröhre nie Nahrungsmittel findet. Diese Thatsache findet darin ihren Grund, dass beim Uebergange der Speiseröhre in den Magendarm die Mündung der ersteren mit langen und starren borstenartigen Wimpern ausgerüstet ist, welche in die Magendarmhöhle hineinragen (so bei Ench. leptodera Taf. X. Fig. 3. *fe*). Durch diese Vorrichtung kann die Nahrung aus der Speiseröhre in den Magendarm gelangen, die starren Flimmerhaare verhindern aber ihre Zurückkunft in die Speiseröhre.

Ähnliche Erscheinung beobachtete ich auch bei der Larve des Polygordius, wo die Mündung des Oesophagus in den Darmkanal ebenfalls mit starren Wimpern versehen ist.

Der eben besprochene Abschnitt des Darmkanales wurde von den vorigen Forschern wenig berücksichtigt.

---

¹) PERRIER: Hist. nat. du Dero obtusa. Arch. Zool. expér. et génér. Tom. I.
²) „ Études s. l'organis. d. lombr. terrestres. Ibidem Tom. III. pag. 439. Pl. XVI. (Fig. 35. et 43. *ga*).
³) „ Rech. p. serv. à l'hist. des Lombr. terrestres, in: Nouv. Arch. d. Muséum d'hist. nat. d. Paris. T. VIII. 1872. pag. 132. u. 156.
⁴) CLAPARÈDE: Annèles du golf du Naples.
⁵) MOSELEY: On the Structure and Development of Peripatus capensis Philosoph. Transact. of the Royal Society of London Vol. 164. 1874.

Nur von BUCHHOLZ besitzen wir nähere Angaben über seine Eigenthümlichkeiten. BUCHHOLZ[1]) sieht die Speiseröhre für einen verengten Abschnitt des erweiterten Schlundkopfes an, was sich nach der vorangehenden Schilderung des Baues der Speiseröhre als unrichtig herausstellt. Auch die Vergleichung der Darmabschnitte anderer Oligochaeten spricht dafür, dass der von mir als Speiseröhre betrachtete Theil des Darmrohres dem Oesophagus nicht angehört.

Vom 8. Segment aus, wo die Septaldrüsen aufhören, beginnt der eigentliche Magendarm, welcher sich sowohl durch seine grössere Breite, als auch durch die dunklere Färbung der Oberfläche auszeichnet. Dieser Abschnitt verläuft bis in das vorletzte Segment, wobei er sich nach hinten gleichmässig verschmälert. Im letzten Segmente befindet sich der kurze Enddarm (Taf. X. Fig. 4. *ed*), welcher durch die Einstülpung der Cuticula und Hypodermis gebildet wird, und sich an der Grenze des vorletzten und letzten Segmentes mit dem Magendarm verbindet.

Die Innenfläche des Magendarmes ist durch ein Cylinderepithel gebildet, dessen einzelne Zellen auf der inneren Seite am Cuticularsaume mit langen Flimmercilien versehen sind. Durch die ungleiche Länge des Epithels, welches sich eigentlich zu drüsigen Säulenprismen gestaltet, entstehen im Innern des Darmes verschieden verlaufende Falten, wie man sie am besten an Querschnitten beobachten kann (Taf. XI. Fig. 6. *ep*[2], Fig. 7.) Dadurch entsteht zumeist ein enges Lumen des Darmkanals, die Innenfläche desselben wird aber vermehrt. Sonach entspricht diese Vorrichtung der Typhlosolis des Regenwurmes und der Spiralklappe der Plagiostomen und Ganoiden.

An Querschnitten der hinteren Körpertheile erscheinen die unteren Wandungen des Magendarmes viel dicker und drüsiger, als die seitlichen und oberen Wände desselben (Taf. XI. Fig. 5. *ep*[1]). Die letzt genannten bestehen nämlich aus kurzen, mit hellem Inhalte gefüllten Zellen, während die der unteren Seite durch lange, dicht gedrängte prismatische Säulchen gebildet sind. Die Kerne derselben sind länglich und liegen in gleichem Niveau.

Auf das Epithel folgt eine sehr dünne Schichte von Längsmuskeln die an manchen Schnitten kaum zum Vorschein kommt (Siehe Taf. XI. Fig. 5.).

In den vorderen Segmenten folgt dieser Muskelschichte der Speiseröhre — und bei manchen Arten, wo sich der Blutsinus nur auf die mittleren und hinteren Segmente beschränkt, — wenigstens des Magendarms vor den Gürtelsegmenten, direct das äussere Epithel mit Pigmentdrüsen (Taf. XI. Fig. 1. *ps, m, pt*; Fig. 3. *d*). In den Segmenten, vor welchen das Rückengefäss seinen Anfang nimmt (Taf. II. Fig. 8. *d*; Taf. VI. Fig. 8.) ergiesst sich zwischen der Längs- und Quermuskelschichte des Magendarms ein mächtiger Blutsinus, welcher das eigentliche Rückengefäss der hinteren Körpersegmente darstellt. (Taf. XI. Fig. 5.; Fig. 6. *bs*; Taf. VI. Fig. 8. *bs*; Taf. V. Fig. 6 *sd*).

Das äussere sehr dünne Epithel (Taf. V. Fig. 6 *pt*) ist bei den meisten Arten mit einer mächtigen Schichte einzelliger Chloragogendrüsen bedeckt. Bei Ench. leptodera sind diese Drüsen in spärlicher Anzahl nur auf der Bauchseite des Magendarms vorhanden. Bei anderen Arten sind sie braun oder gelblich; sehr zierlich gestalten sie sich bei Ench. Adriaticus (Taf. XII. Fig. 15. *dd*); hier sind sie rund, mit einem deutlichen Kern und bräunlichen Inhalte versehen und mittels eines Stieles an der Darmwand befestigt. Im braunen Inhalte der eiförmigen Chloragogendrüsen bei Pachydrilus sphagnetorum (Taf. XIII. Fig. 3.) liegen grosse Kerne mit länglichen Kernchen. Bemerkenswerth sind die enorm entwickelten Darmdrüsen bei Ench. Buchholzii (Taf. IV. Fig. 1. *ddg*, Taf. III. Fig. 7. *gl*). Bei dieser Art bedecken die Drüsen bei geschlechtslosen Thieren den ganzen Magendarm; geschlechtlich entwickelte Würmer entbehren derselben in den Gürtelsegmenten, da sie durch die Entwickelung der Geschlechtsproducte verdrängt werden (Siehe Taf. IV. Fig. 1.). In übrigen Segmenten ist der Magendarm mit ähnlichen Drüsen bedeckt, wie ich sie bei Phreatotrix beschrieben.[2]) Sie sind rund oder elförmig, mit einer deutlichen Membrana umgeben und mit grobkörnigem Inhalte gefüllt, worunter sich auch ziemlich grosse, stark lichtbrechende Fett-Körperchen befinden. Durch ihre enorme Entwickelung nehmen sie die ganze Leibeshöhle ein. Der Enddarm des letzten Segmentes entbehrt des drüsigen Ueberzuges vollständig.

Nun komme ich zur Darstellung von zweierlei Organen, welche bisher nur bei Ench. leptodera, Ench. ventriculosus und Ench. appendiculatus am Anfange des Magendarmes beobachtet wurden. Bei Ench. ventriculosus sieht 'man am Uebergange der Speiseröhre zum Magendarm im 8. Segmente ein angeschwollenes Organ (Taf. VI. Fig. 8. 2 *dr*), welches D'UDEKEM,[3]) sowie die nachfolgenden Forscher als Magen betrachteten. Die morphologische Bedeutung dieser magenartigen Erweiterung wurde bisher nicht erkannt. Der innere Raum dieser Magendarmabtheilung ist zwar etwas weiter, als in den vorangehenden und nachfolgenden Darmsegmenten; aber die äussere Erweiterung rührt dennoch nur von den Wandungen des besagten Organs her. Im optischen Längsdurchschnitt sieht man unter der äusseren Drüsenschichte, womit es ebenso bedeckt ist, wie die übrigen Darmsegmente, ein dickes und helles System von vielfach gewundenen Schläuchen, die das Aussehen enger Kanälchen haben.

---

[1]) l. c. pag. 103.
[2]) VEJDOVSKÝ: Über Phreatothrix, eine neue Gattung der Limicolen Z. f. wiss. Zool. Bd. XXVII. 1876.
[3]) D'UDEKEM: Déscript. d'une nouv. esp. d'Enchytraeus etc.

Nach der Analogie ähnlicher Kanälchen bei E. appendiculatus dürfte man sie als mit Drüsen bedeckte Gefässe betrachten. Sie verlieren sich nach hinten in den Magendarm des 9. Segmentes. Ihre physiologische Bedeutung erkläre ich nur aus analogen Organen bei Ench. appendiculatus und Ench. leptodera, die als thatsächliche **Leber** fungiren.

Bei der letzt genannten Art bemerkt man im 7. Segmente zwei grosse, ovale, braune Körper, welche dicht am Dissepimente zwischen dem VII. und VIII. Segmente beim Uebergange der Speiseröhre in den Magendarm aus diesem entspringen und mittelst kurzer Stiele an den Darmwandungen befestigt sind (Taf. X. Fig. 3. *lbd*). Zwischen ihnen pulsirt lebhaft ein längliches Herz des Rückengefässes, welches gerade aus dem Darmblutsinus austritt (*e*). Im optischen Durchschnitt sieht man das flimmernde Darmepithel (*f*) und die langen, starren, in die Darmhöhle hineinragenden Flimmerhaare der Speiseröhre (*fe*). Zu beiden Seiten dieser Öffnung erkennt man beide Mündungen der Leberdrüsen in den Darm. An frischen Praeparaten sieht man, dass die besprochenen Organe aus einer grobkörnigen, braunen Masse bestehen, welche von zahlreichen, in verschiedenen Richtungen gewundenen Gefässen durchsetzt wird. Wo diese Gefässe ihren Ursprung finden, konnte ich nicht ermitteln; aus dem Rückengefässe sah ich keine Seitengefässe entspringen. Wahrscheinlich gelangt das Blut in diese Drüsen aus dem Blutsinus des Darmes. An zerzupften Leberdrüsen sieht man, dass die körnige braune Masse von den Schlauchzellen herrührt, welche in verschiedenen Gruppen die Leber zusammensetzen.

An Querschnitten (Taf. XI. Fig. 3. *ld*) erscheinen die Leberdrüsen als zwei zu beiden Seiten der Speiseröhre liegende nierenförmige Körper, welche sich durch ihren zierlichen Bau auszeichnen. Man sieht die Schlauchzellen an besonderen Stielchen befestigt; diese imbibiren sich stark im Pikrokarmin, wogegen die als bindegewebige Substanz zwischen den Schlauchzellen sich erstreckenden blasigen Gebilde nur mit ihren Membranen hervortreten. Bei stärkerer Vergrösserung kann man sich von dem feineren Baue der Leberdrüsen überzeugen (Taf. XI. Fig. 4.). Nach aussen liegt eine dünne, kernhaltige Peritonaealschichte, welche den ganzen äusseren Umfang der Leber umgibt. Darunter befindet sich eine dünne Muskelschichte, welcher zuletzt eine Epithelialschichte folgt (Fig. 4. *ep*). Das innere wird aus grossen, keilförmigen Schlauchzellen gebildet, welche in regelmässiger Anordnung zwischen der blasigen Bindesubstanz (*bl*) und den Gefässen (*g*) liegen. Die Drüsen enthalten thatsächliche Leberzellen, deren Secret in den Magendarm einfliesst.

Was die Genese dieser Drüsen anbelangt, so lässt sich dieselbe durch die Ausstülpung der Darmwandungen erklären; denn die Schichten, welche die Darmwand zusammensetzen, sind namentlich an der Einmündungsstelle der Leberdrüsen in den Magendarm deutlich zu erkennen. Die Schlauchzellen sind als modificirtes Säulenepithel des Magendarmes anzusehen. Dadurch lässt sich auch der vermuthliche Magen von Ench. ventriculosus D'Ud. erklären; die Ausstülpung der Darmwandungen reducirt sich hier auf eine blosse Verdickung, in der sich das Darmepithel theilweise zu Leberdrüsen modificirt.

Der von BUCHHOLZ zuerst beobachtete und bisher nicht erklärte Darmdivertikel bei Ench. appendiculatus fungirt als Leber, steht aber in directem Zusammenhange mit dem Gefässsystem und wird gelegentlich näher besprochen.

Auch bei Polychaeten findet man analoge Organe in Form grosser Drüsen, welche bei den Syllideen in zwei Paaren in den Anfangstheil des Darmes einmünden. Unter den Lumbricinen erwähnt L. VAILLANT[1]) bei Perichaeta cingulata zweier Blindsäcke, „welche auf der Höhe des 24. Körpersegmentes dem Darme anhängen und mit dem Ende nach vorne gerichtet sind." Die Anwesenheit dieser Drüsen hat auch PERRIER[2]) bei anderen Arten der Gattung Perichaeta bestätigt.

5. Kreislaufsorgane.

Das Gefässsystem der Enchytraeiden wurde bisher sehr wenig berücksichtigt. Man findet die gewöhnliche Angabe, dass sich der Circulationsapparat aus einem Rücken- und Bauchgefäss zusammensetzt, welche in jedem Segmente durch besondere Seitenschlingen in Verbindung stehen. Es fragt sich nur, ob Jemand das Rückengefäss in seinem ganzen Verlaufe vom ersten Segmente an bis zum hinteren Körperende verfolgt hat; ich finde wenigstens keine Erwähnung dieser Thatsache. In einer vorläufigen Mittheilung über die Anatomie und Systematik der Enchytraeiden gab ich schon einige Ergänzungen zur Kenntniss des Gefässsystems in den vorderen Segmenten dieser Würmer. Weitere Untersuchungen führten mich nun zu folgenden Resultaten über das Gefässsystem der Enchytraeiden.

Das Rückengefäss ist nur in den vordersten Segmenten deutlich sichtbar und verräth sich durch seine Pulsationen.

---

[1]) l'Institut 1867 p. 413. Mir ist diese Angabe nur aus Leuckart's „Berichten" 1869, p. 16. bekannt.
[2]) PERRIER: Rech. p. serv. à l'hist. etc. pag. 458.

Bei Anachaeta kann man dasselbe bis in das 6. Segment verfolgen. Bei Ench. appendiculatus und E. leptodera zieht es sich bis in das 7., bei E. puteanus in das 8., bei E. ventriculosus in das 9., bei Pachydrilus Pagenstecheri in das 14., und bei Ench. humicultor in das 16. Segment. Weiter hinter diesen Segmenten findet man keine Spur von einem Rückengefäss; die Existenz eines Gefässsystems wird nur durch den Darmkanal kundgegeben. In den Segmenten, in denen man das Rückengefäss verfolgen kann, nimmt man keine peristaltische Bewegung des Darmrohres wahr. Der weitere Verlauf des Darmkanals, wo das Rückengefäss aufhört, verräth sich dagegen durch kräftige peristaltische Pulsationen, welche von hinten nach vorne fortschreiten und sich endlich im Segmente, wo das Rückengefäss beginnt, auf dieses übertragen. Der Darmkanal bewegt sich peristaltisch in seinem ganzen Umfange. Den Grund dieser Bewegungen kann man nicht bloss den Muskelschichten des Darmkanals zuschreiben; denn man findet Muskel in den vorderen Partien des Darmkanals, wo das Rückengefäss deutlich hervortritt, und die Darmwandungen keine Contraktionen ausüben. Vielmehr scheint es, dass der in den Darmwandungen eingeschlossene Blutraum an den peristaltischen Contractionen des Magendarms theilnimmt.

Die Querschnitte beweisen thatsächlich das Vorhandensein der genannten Vorrichtung. Vom Segmente an, wo sich das Rückengefäss mit der Darmwand verbindet (Taf. VI. Fig. 8.) sieht man an Querschnitten des Darmrohres zwischen den beiden Muskellagen eine ziemlich dicke, helle, im Picrocarmin sich nicht färbende Schichte, welche sich rings um das Darmrohr hinzieht (Taf. VI. Fig. 8. *bs*; Taf. XI. Fig. 5. *ssg*, Fig. 6. *bs*). Es ist dies ein Blutsinus, welcher die Funktion des Rückengefässes vertritt. Das Blut des Bauchgefässes sammelt sich durch seine Seitenschlingen in dem Raume zwischen den Muskelschichten des Darmrohres. Durch die Contractionen dieser Muskelschichten entstehen die peristaltischen Darmbewegungen, wodurch das Blut von hinten nach vorne getrieben wird. In der vorderen Partie des Körpers geht der Blutsinus in ein Rückengefäss über. Das so entstandene Rückengefäss ist bei einigen Arten (z. B. bei der Gattung Pachydrilus) einfach, ohne Anschwellungen. Bei den meisten Arten von Enchytraeus und bei Anachaeta entstehen beim Austritt des Rückengefässes aus dem Darmsinus 2—3 hintereinander folgende angeschwollene herzartige Ampulen (Bulbus arteriosus), welche die Länge der einzelnen Segmente erreichen. Der Verlauf des Rückengefässes bei Ench. humicultor ist auf Taf. V. Fig. 6. dargestellt. Im XVIII. Segment sieht man das Blut noch zwischen den Muskelschichten des Magendarmes (*sd*); im XVII. Segment kommt dagegen das ausgebildete Rückengefäss als ein dünner, schwach pulsirender Schlauch zum Vorschein. Im XVI. Segment ist die Anschwellung und die Pulsation mächtiger (c^{16}), und beide erreichen im 15. und 14. Segment ihre Culmination. In den vorangehenden Segmenten verengt sich das Rückengefäss allmälig und übt nur schwächere Pulsationen aus. Der mächtige Andrang des Blutes aus dem Blutsinus wirkt auf die Bildung dieser herzartigen Anschwellungen des Rückengefässes in 16., 15. und 14. Segment. Die Lage derselben ist nicht constant.

Man findet sie bei Ench. ventriculosus . . . im 7., 8. und 9.,
bei Ench. puteanus . . . . . . im 6., 7. und 8.,
bei Ench. leptodera . . . . . im 7. und 8.,
bei Ench. Perrieri . . . . . . im 5., 6. und 7.,
bei Anachaeta Eisenii . . . . im 5. und 6. Segment.

Anachaeta Eisenii (Taf. I. Fig. 6. c^1, c^2), Ench. ventriculosus (Taf. VI. Fig. 8. c^1, c^2, c^3), Ench. puteanus Taf. XII. Fig. 8.).

Ein besonderes Interesse erregt Enchytraeus appendiculatus durch sein Gefässsystem. Hier hört der Blutsinus im 8. Segment auf. Im 7. Segmente trifft man einen eigenthümlichen Körper, welchen schon BUCHHOLZ[1]) beobachtete und als einen blindsackartigen Anhang des Darmes deutete. In seiner ganzen Erscheinung erinnert dieser Körper auf die oben bei E. leptodera beschriebene Leber. Er besteht aus zwei zu beiden Seiten des Darmes entspringenden Drüsenkomplexen, die oberhalb des Darmes in der Centrallinie verwachsen und nur die beiden hinteren Lappen und die centrale Rinne deuten auf die paarige Natur des Divertikels hin. Die übrige Beschreibung BUCHHOLZ's ist so trefflich, dass ich dieselbe hier wiederhole: „Es ist dieses Organ ein an der Dorsalseite des Darmkanales befindlicher, ziemlich weiter, von hinten nach vorne gerichteter Divertikel von stumpf konischer Form. Seine breitere Basis entspringt von dem Darmkanal, etwa in der Mitte des 7. Segmentes, gerade an der Stelle, wo der Oesophagus sich gleichmässig erweiternd in denselben übergeht; von hier ab erstreckt er sich, gleichmässig sich verschmälernd, in einer Länge von etwas mehr als einem Körpersegment nach vorne, wo er mit einer verschmälerten, stumpf abgerundeten Spitze aufhört. Was nun die Beschaffenheit der Oberfläche dieses Divertikels betrifft, so unterscheidet sie sich beträchtlich von derjenigen des übrigen Darmes. Es fehlt nämlich auf derselben gänzlich die an der Aussenfläche des übrigen Darmes befindliche drüsige Zellenschichte, und anstatt derselben gewahrt man auf ihr eigenthümlich mäandrisch ver-

---

[1]) BUCHHOLZ l. c. pag. 104.

schlungene Figuren, welche durchaus das Ansehen gewähren, als wenn auf derselben eine Menge vielfach verschlungener, kleiner Kanäle befindlich wären. Hiermit im Einklange steht die auffällige sehr enge Beziehung, in welcher das Rückengefäss zu dem so eben beschriebenen Organe steht. Während nämlich das Rückengefäss bei den übrigen Enchytraeusarten, welche diesen Divertikel nicht besitzen, stets unmittelbar dem Oesophagus aufliegend, und an denselben fest geheftet, an den Darmkanal übergeht, verlässt dasselbe bei E. appendiculatus bald hinter seiner vorderen Theilungsstelle seine Lage dicht auf dem Oesophagus und zieht frei durch die Leibeshöhle nach hinten, bis es sich an der Spitze jenes Divertikels befestigt und überaus innig mit demselben zusammenhängt. Von dieser Anheftungsstelle an, bis zum Ursprunge jenes Divertikels vom Darmkanal, ist nun niemals mehr eine Spur des Rückengefässes, als eines in continuo fortlaufenden gesonderten Stammes zu sehen, so dass es in der That den Anschein hat, als finde hier auf dieser Strecke eine wirkliche Auflösung desselben in ein auf der Oberfläche des Divertikels befindliches Kanalsystem, eine Art Wundernetzbildung statt."

Meine nach wiederholten Untersuchungen gelieferte Abbildung (Taf. II. Fig. 8. c) dürfte insofern von der Beschreibung Buchholz's abweichen, als der „Divertikel" deutlich in das Rückengefäss übergeht, und dass er auf seiner Oberfläche mit den Pigmentdrüsen des Darmes bedeckt ist. Nur bei einer geringen Anzahl von Individuen sah ich den besprochenen Anhang des Darmes unbedeckt. Weiter spricht BUCHHOLZ von einem Flimmerepithel der inneren Oberfläche des Divertikels, womit ich überhaupt nicht übereinstimmen kann, da derselbe keine Höhlung bildet, sondern ein solides Gebilde darstellt. Die „vielfach verschlungenen" Kanälchen sind thatsächliche Gefässchen, welche einerseits ihren Ursprung aus dem Blutsinus nehmen, andererseits sich wieder zu einem pulsirenden Rückengefässe (Taf. II. Fig. 8. rg) vereinigen und untereinander durch zellige Bindsubstanz gehalten werden. Nach der Analogie der Leberdrüsen bei Ench. ventriculosus und E. leptodera ist auch die Auffassung nicht unrichtig, dass das Gebilde zugleich Funktion der Leber habe. Die zahlreichen Gefässe, welche es durchziehen, verbinden sich, um das Rückengefäss zu bilden.

Bei der Gattung Pachydrilus findet man keine herzartigen Anschwellungen des Rückengefässes; dieses ist in seinem ganzen Verlaufe von gleichem Umfange. Das bei den Enchytraeiden so entstandene Rückengefäss schiebt sich in der Mittellinie des Körpers bis vor das Gehirn hin und theilt sich, ohne Schlingen zu bilden, in zwei Äste, welche zu beiden Seiten des Oesophagus hinlaufen und sich auf der Bauchseite im 5. Segmente zu einem Bauchgefässe verbinden. Das Bauchgefäss zieht auch in der Mittellinie des Körpers hin.

Die Verbindung zwischen dem Bauch- und Rückengefässe findet nur in den vordersten Segmenten des Körpers in folgender Weise statt. Im 4. Segmente, dicht vor dem Dissepimente des 4. und 5. Segmentes, entspringen zwei Paare von Gefässschlingen, von denen das erste zwischen dem 2. und 3., das zweite zwischen dem 3. und 4. Segmente in das Bauchgefäss mündet. So bei E. Buchholzii (Taf. III. Fig. 1. vp^1, vp^2) und E. Perrieri (Taf. VIII. Fig. 8. 1. 2.), wo die Seitengefässe aus einem gemeinschaftlichen Ausgangspunkte entspringen, bei E. ventriculosus (Taf. VI. Fig. 6. vs^1, vs^2) und Pachydrilus Pagenstecheri (Taf. XIV. Fig. 6. vs^1, vs^2), wo die Seitengefässe von einander entfernter stehen.

Zu diesen zwei Paaren gesellt sich manchmal noch ein drittes, welches dicht hinter dem Dissepimente des 4. und 5. Segmentes, also im 5. Segmente entspringt und zwischen dem 5. und 6. Segment mit dem Bauchgefäss anastomosirt. So bei Pachydrilus Pagenstecheri (Taf. XIV. Fig. 6. vs^3), Ench. ventriculosus (Taf. VI. Fig. 6. vs^3) und E. Perrieri (Taf. VIII. 3.) Bei E. Buchholzii konnte ich das dritte Paar nie entdecken.

In den übrigen Körpersegmenten zieht sich das Bauchgefäss in gerader Richtung bis zum hinteren Ende des Körpers hin. Die Seitenschlingen, welche dieses Gefäss entsendet, können sich bei der Abwesenheit eines Rückengefässes mit diesem nicht verbinden; doch sind sie vorhanden, wenn auch sehr schwer zu beobachten. Bei Ench. lobifer (Taf. IX. Fig. 5.) habe ich in jedem der hinteren Segmente drei kurze Gefässschlingenpaare beobachtet, die aus dem Bauchgefässe ausgehen und sich bald in den Blutsinus anastomosirend, in den Darmwandungen verlieren. Bei dieser Art entspringt ein Paar in der Mitte des Segmentes, während vor und hinter ihm zwei andere Paare liegen. Bei Ench. leptodera (Taf. X. Fig. 5.) konnte ich nur 2 Paare von Seitengefässen unterscheiden.

Manche Forscher wollen auch oberhalb des Darmkanals Seitengefässe beobachtet haben; doch fand ich anstatt derselben in jedem Segmente Ligamente, welche von der Rückenseite den Darm mit der Leibeswand verbinden und in einer wagrechten Lage erhalten. Wahrscheinlich hat man früher diese Ligamente (Taf. V. Fig. 6. lg; Taf. XI. Fig. 5. lg) als Seitengefässe angesehen.

Über den histologischen Bau der Gefässe lässt sich wenig sagen. Ihre Wandungen sind sehr dünn, aber resistent. Nur bei der Gattung Anachaeta konnte ich am Rückengefässe deutlich drei Schichten unterscheiden: Eine das Lumen des Gefässes auskleidende homogene Membran (Tunica propria) (Taf. I. Fig. 14. tp), eine ziemlich dicke Muskelschichte (tm) und eine feine, kernhaltige äussere Hülle (Tunica adventitia) (ta). Bei anderen Arten der Gattung Enchytraeus und Pachydrilus war ich nie im Stande diese Schichten zu unterscheiden. Bei den Gattungen Anachaeta und Enchytraeus treten an den Wandungen der herzartigen Anschwellungen des Rückengefässes zahlreiche, sternförmige glänzende Zellen hervor, die durch ihre verästelten Ausläufer untereinander verbunden sind und sich bei den Pulsationen der besprochenen Gebilde erweiten. Ich betrachte sie als Muskelzellen, die in den Wandungen der besprochenen Herzen die Contractionen und Dilatationen ausüben. Ich beobachtete sie bei den Arten Anachaeta Eisenii (Taf. I. Fig. 5. *mz*), Ench. humicultor, Ench. ventriculosus (Taf. VI. Fig. 8. *mz*), Ench. putcanus (Taf. XII. Fig. 8. *mz*).

Die Blutfarbe der Gattung Enchytraeus und Anachaeta ist immer weiss, die der Gattung Pachydrilus röthlich, selbst lebhaft roth.

Trotz der sorgfältigsten Untersuchungen war ich nie im Stande in der Blutflüssigkeit der Enchytraeiden die als Blutkörperchen fungirenden Gebilde zu finden. Man nimmt auch an, dass das Blut der Anneliden überhaupt der Körperchen entbehrt; doch gibt es einige Umstände, die mich an dieser Deutung zu zweifeln veranlassen. Einerseits hat Claparède bei einigen Polychaeten (Ophelia) die in der Blutflüssigkeit befindlichen Körperchen nachgewiesen, andererseits erwähnt derselbe Forscher in seinen „Studien über die Histologie des Regenwurmes" besonderer auf den Segmentalorganen verlaufender ampullenartiger Anschwellungen, in welchen er in der rothen Blutflüssigkeit zahlreiche Körperchen abbildet. Dasselbe habe ich auch bei Criodrilus gefunden. Bei diesem merkwürdigen Oligochaeten, der nach meinen bisherigen Untersuchungen ein Uebergangsglied zwischen den Terricolen und Limicolen bildet, findet man an den Wandungen der Segmentalorgane zierliche, durch ein Längsgefäss verbundene zahlreiche Anschwellungen, deren Blutflüssigkeit mit einer Menge kernartiger Körperchen gefüllt ist. Dieselben trifft man aber auch hier und wieder in den Gefässen. Aus den erwähnten Gefässanschwellungen verlaufen nun äusserst zahlreiche in den Wandungen der Segmentalorgane ein dichtes Gefässnetz bildende Capillaren. Dieser Umstand lässt die Vermuthung zu, dass die in den Anschwellungen angehäuften und als thatsächliche Blutkörperchen aufzufassenden Gebilde eine reichlichere Vermehrung der besagten Capillaren verursachen. Das massenhafte Vorkommen der Blutkörperchen und deren Vermehrung im Rückengefässe von Tubifex werde ich anderorts besprechen.

Das so auffallende Verhältniss des Gefässystems der Enchytraeiden wurde bisher, wie gesagt, wenig berücksichtigt. HENLE sagt darüber: „Ein einwärts pulsirendes Gefäss verläuft auf der Rückseite des [Darmes; anfangs fest an denselben geheftet, nach vorne etwas freier, so dass es in seiner Pulsation sich zugleich wellenförmig erst vom 15ten Ringe an verräth." D'UDEKEM [1]) zeichnet das Rückengefäss auf dem ganzen Verlaufe des Darmes. Die Angaben BUCHHOLZ'S über das Gefässystem von Ench. appendiculatus wurden schon oben gegeben. LEYDIG macht keine Mittheilungen über das Gefässystem der Enchytraeiden. Auf der Blutfarbe gründet CLAPARÈDE [2]) die Gattungen Enchytracus und Pachydrilus. RATZEL [3]) hat nur zwei Paar Gefässchlingen in dem vorderen Körperende gesehen.

Die Entdeckung des Blutsinus im Darme der Enchytraeiden ist insofern neu, als derselbe bei den Oligochaeten bisher nicht bekannt war. Nach den Untersuchungen von QUATREFAGES [4]) (1850) wurde dieser Blutsinus im Darme der Amphicoriden und Fabricia erkannt. Durch die höchst interessanten Entdeckungen von CLAPARÈDE [5]) ist bekannt geworden, dass die Familien der Serpulliden, Ammochariden, Aricia und Chaetopterus das Rückengefäss einbüssen, welches jedoch durch einen im Darme eingeschlossenen Blutsinus vertreten wird.

Doch besitzt ein grosser Theil der Oligochaeten neben dem vorhandenen Rückengefäss einen Darmsinus, worüber ich später genauere Angaben liefern will.

6. Excretionsapparat.

Die Segmentalorgane der Enchytraeiden wurden von HENLE [6]) und von allen späteren Forschern beobachtet, aber erst von CLAPARÈDE [7]) richtig dargestellt. Henle betrachtet dieselben als Respirationsorgane, beschreibt sie aber ganz richtig sowohl in ihrem Verlaufe als auch in ihrer Zahl. Seine Angabe, dass die besprochenen Organe in den vorderen 4, seltener 5 Segmenten vorhanden sind, bezieht sich meiner Ansicht nach auf Ench. ventriculosus. Seine Abbildungen weisen wenigstens darauf hin, dass Henle auch diese Art untersucht hatte. D'UDEKEM [8]) behauptet, dass die Segmentalorgane in den vorderen 3 Segmenten fehlen. Ueber den Bau äussert sich D'Udekem, wie folgt: „Dans les parois du canal, on peut distinguer trois plans, l'externe diaphane, l'interne formée d'un épithélium vibratil à cils longs en forme de fouet, et un plan intermediaire glanduleux et probablement, musculaire. On voit souvent le

---

[1]) D'UDEKEM: Descript. d'une nouvelle ésp. etc.
[2]) CLAPARÈDE: Rech. sur l'anat. des Oligoch. etc. p. 270.
[3]) RATZEL: Beiträge z. anat. u. system. etc. pag. 563.
[4]) QUATREFAGES: Annal d. scienc. Nat. t. XIV.
[5]) CLAPARÈDE: Struct. d. annél. sédentaires, pag. 76.
[6]) HENLE: s. a. O.
[7]) CLAPARÈDE: Rech. anat. s. l. Oligoch. pag. 274.
[8]) D'UDEKEM: Description etc. pag. 861.

canal exécuter des mouvements vermiculaires." Man wird später sehen, dass eine so complicirte Structur in den Segmentalorganen der Enchytraeiden nicht vorkommt. BUCHHOLZ[1]) will den „Flimmerkanal der Schleifenkanäle" niemals in seiner ganzen Continuitaet gesehen haben, was auch seine Abbildung[2]) bestätigt. Nach der ausgezeichneten Abbildung und schriftlichen Darstellung CLAPARÈDES[3]) über die Segmentalorgane von Pachydrilus und Enchytraeus ist nicht viel Neues über diesen Gegenstand vorzubringen. RATZEL[4]) bestätigt die Darstellung Claparèdes in Betreff des Vorkommens der Segmentalorgane. In den nachstehenden Zeilen will ich nur auf einige Einzelnheiten hindeuten und CLAPARÈDES Darstellung vervollständigen. In ihrer Form weichen die Segmentalorgane der Enchytraeiden bedeutend von den gleichnamigen Organen der übrigen Limicolen ab; von derselben Construction finde ich die Segmentalorgane nur bei Chaetogaster Limnaei.

Nach CLAPARÈDE und RATZEL sollen die Segmentalorgane erst im 7. Segmente anfangen. Nach meinen Untersuchungen gilt diese Regel, — mit Ausnahme von Enchytraeus ventriculosus, — nur von der Gattung Enchytraeus. Bei Anachaeta fehlen die Segmentalorgane in den ersten 5 Segmenten und nehmen regelmässig ihren Anfang im 6. Segmente. Bei Pachydrilus kommen die Segmentalorgane schon im 3. Segmente zum Vorschein, wo sie aber nicht vollständig entwickelt sind. Bei P. Pagenstecheri (Taf. XIV. Fig. 8.) stellen die Segmentalorgane des III. Segmentes einfache Bläschen ohne Flimmerkanal dar. Im 4. Segmente sieht man erst die ausgebildete flimmernde Form. Wie gesagt, fangen die Segmentalorgane bei der Gattung Enchytraeus im 7. Segmente an. Bei Ench. ventriculosus findet man dieselben schon im 4. Segment, bei den übrigen Arten modificiren sich die Segmentalorgane durch die Verwachsung im 3., 4., 5. und 6. Segmente zu Speicheldrüsen, welche bei E. ventriculosus sehr klein sind.

Bei allen Gattungen sind die Segmentalorgane im 7., 8., 9., 10. und 11. Segmente vorhanden; im 12. und 13. Segment verschwinden sie mit der Geschlechtsreife. Vom 14. Segment an sind die Segmentalorgane in allen Segmenten vorhanden und fehlen erst wieder in den jüngsten, aus dem „Keimstreifen" sich entwickelnden Segmenten. Die im 5. Segmente befindlichen und zwischen dem 4. und 5. Segmente nach aussen mündenden Receptacula seminis, sowie die Samen- und Eileiter haben nichts mit den Segmentalorganen gemein.

In der äusseren Form weichen die Excretionsorgane der Enchytraeiden sehr von denen der anderen Limicolen ab; nur bei Chaetogaster Limnaei finde ich eine ganz ähnliche Organisation der entsprechenden Organe. Im ganzen kann man an jedem Segmentalorgan 3 Hauptabschnitte unterscheiden: Den vor dem Dissepimente befindlichen, mit einem Wimpertrichter versehenen Theil nenne ich *Antiseptale*, mit welchem der hinter dem Dissepimente liegende Theil, das *Postseptale* in Verbindung steht. Dieser Theil steht durch einen verlängerten Ausführungsgang mit der Aussenwelt in Communication. Die in so variabler Form vorkommenden Theile verdienen eine eingehendere Besprechung.

Das Antiseptale bei Anachaeta reicht bis in die Hälfte des vorangehenden Segmentes hin (Taf. I. Fig. 10. *A*) und fängt mit einem, mit langen Wimpern ausgestatteten Trichter an (*nt*). Das ganze Antiseptale ist sowie das nachfolgende Postseptale (P) mächtig flaschenförmig angeschwollen. In diesen beiden, stark abgeplatteten Theilen zieht sich ein in verschiedenen Windungen durch's erstreckender Flimmerkanal hin, welcher zuletzt in einen soliden, breiteren Gang (*G*) übergeht. Dieser ist an die Haut befestigt und mündet durch eine runde Öffnung vor den Bauchborsten nach aussen.

Das Antiseptale ist bei Enchytraeus in verschiedensten Gestalten vorhanden. Bei E. appendiculatus (Taf. II. Fig. 7. *A*), E. galba (Taf. VII. Fig. 4. *A*) ist es eliptisch aufgeschwollen und an seiner Öffnung mit langen Wimpern besetzt. Bei anderen Arten stellt es einen geraden langen Kanal dar, welcher ebenfalls mit langen Wimpern anfängt; so bei E. Buchholzii (Taf. III. Fig. 6. *A a*), E. Perrieri (Taf. VII. Fig. 7. *A*), E. ventriculosus (Taf. VI. Fig. 7. *A*) und Pachydrilus sphagnetorum (Taf. XIII. Fig. 4.) Das Antiseptale bei E. humicultor (Taf. V. Fig. 4.) stellt einen einfachen Trichter dar, welcher wie bei E. leptodera in einen langen Kanal übergeht (Taf. X. Fig. 6.) Ench. hegemon besitzt einen mächtigen drüsigen Trichter. Am eliptischen, aufgeschwollenen Antiseptale bei Ench. lobifer, E. Leydigii und E. puteanus ist der drüsige Theil unterhalb des Trichters braun pigmentirt.

Das Postseptale ist bei allen Gattungen mächtig angeschwollen, abgeplattet und durch seinen drüsigen, den vielfach gewundenen Kanal umhüllenden Inhalt gekennzeichnet. Dieser Theil geht sodann entweder direkt am hinteren Ende in einen Ausführungsgang über, wie bei Pachydrilus Pagenstecheri (Taf. XIV. Fig. 7. *g*), Ench. hegemon (Taf. XII. Fig. 3. *g*) Ench. humicultor (Taf. V. Fig. 4.), E. Leydigii (Taf. IX. Fig. 12 *g*) u. a.; oder man findet den Ausführungsgang an der Seite des postseptalen Theiles, wie bei Pachydr. sphagnetorum (Taf. XIII. Fig. 4. *g*).

Die äussere Öffnung der Segmentalorgane liegt immer vor den Bauchborsten.

---

[1]) BUCHHOLZ a. a. O. pag. 128.
[2]) BUCHHOLZ a a O. Taf. VI. Fig. 23.
[3]) CLAPARÈDE Rech. anat. s. l. Annel. etc. p. 30. pl. II. Fig. 2.,
 " Rech. anat. s. l. Oligochaetes pag. 274. pl. II. Fig. 9.
[4]) RATZEL: Beitr. z. Anat. von Ench. vermicularis pag. 107.

An frischen Praeparaten konnte ich keine Anschauung vom feineren Bau der Segmentalorgane gewinnen. Erst durch die Färbung mit Picrocarmin gelangte ich zur Überzeugung, dass die besprochenen Organe aus wenigen, mit einem grossen Kerne und Kernkörperchen und einem grobkörnigen Protoplasma versehenen Zellen bestehen (siehe Pachydrilus sphagnetorum Taf. XIII. Fig. 5.) und dass der innere Flimmerkanal bloss durch die, nach verschiedenen Richtungen stattfindende Durchbohrung entsteht. Diese Regel hat übrigens schon CLAPAREDE[1]) bei Lumbricus und HATSCHEK bei Pedicellina gefunden.

Die Metamorphose der Segmentalorgane zu Speicheldrüsen wurde schon gelegentlich besprochen. Was die bisher angenommene Modificirung der Segmentalorgane zu Samenleitern anbelangt, so werden wir auf diesen Gegenstand bei den Geschlechtsorganen genauer eingehen.

7. Geschlechtsorgane.

D'UDEKEM, BUCHHOLZ, CLAPAREDE und RATZEL beschäftigten sich bereits mit der Untersuchung des Generationsapparates der Enchytraeiden; es könnte daher dieser Gegenstand gänzlich erschöpft scheinen. Doch waren einerseits viele Punkte noch nicht zur vollen Klarheit geführt, anderseits begingen die genannten Forscher einige Irrthümer, welche richtig zu stellen sind.

Von allgemeiner Bedeutung für die Morphologie ist zunächst die Frage zu beantworten, ob die weiblichen und männlichen Geschlechtsstoffe aus verschiedenen Keimblättern hervorgehen. Hiemit berühre ich die von ED. VAN BENEDEN[2]) angenommene Deutung, nach der die Hoden aus dem Ektoderm, die Eierstöcke aus dem Entoderm sich entwickeln sollen. ED. VAN BENEDEN, unterstützt durch seine wichtigen Beobachtungen, dass bei Hydractinia die Samenzellen aus dem Ektoderm, die Eier dann aus Entoderm hervorgehen, wagte daraus das allgemeine Resultat zu ziehen, dass sich diese Regel auf das ganze Thierreich ausdehnt. Aus den Beobachtungen anderer Forscher, wie F. E. SCHULTZE, KLEINENBERG und neuerdings von CIAMICIAN[3]) geht aber hervor, „dass ein Gesetz, nach welchem sich jeder der beiden Geschlechtsstoffe aus einem bestimmten Keimblatte bei den Coelenteraten entwickle, nicht existirt, und dass die männlichen und weiblichen Geschlechtsprodukte sowohl aus Entoderm- als auch aus Ektodermzellen hervorgehen können."

Wie verhält sich nun diese Lehre bei den höheren Metazoen, wo sich noch das mittlere Keimblatt — das Mesoderm — entwickelt? Aus den Beobachtungen mancher Forscher über die embryonale Entwickelung der höheren Metazoen geht hervor, dass beiderlei Geschlechtszellen nur aus dem mittleren Keimblatte ihren Ursprung haben, wie dies neuerdings auch HATSCHEK in seinen Untersuchungen über Pedicellina hervorhebt. Wenn sich ED. VAN BENEDEN auf die Beobachtungen von HIS, HENSEN und WALDAYER beruft, nach denen die Hoden der Wirbelthiere aus dem Ektoderm entstehen; und wenn auch GÖTTE, PEREMESCHKO, SCHENK und OELLACHER das mittlere Keimblatt mit der Peritonaealmembran aus dem Ektoderms angeben, aus welchem die Eier ihren Ursprung haben: so stehen dennoch diese Angaben im Widerspruche zu den Verhältnissen der Annelidon, *bei denen sowohl die Hoden und Samenleiter, als auch die Eierstöcke und Eileiter nur auf der Peritonaealmembran entstehen.* Diese Membran gehört allerdings einem und demselben Keimblatte — dem Mesoderm — an.

Beiderlei Geschlechtsstoffe entwickeln sich bei den Enchytraciden *gleichzeitig*, und das sowohl die Geschlechtsdrüsen als auch die Ausführungsgänge derselben. Am Dissepimente des 10/11 Segmentes entsteht ein Paar Zellgruppen, — die zukünftigen Hoden, am Dissepimente des 11/12 Segmentes, in der Leibeshöhle des 12. Segmentes erscheint ein Paar anderer Zellgruppen, — die zukünftige Eierstöcke. Damit hängt die völlige Degeneration der Segmentalorgane im 12. und 13. Segmente zusammen. Zugleich entsteht am Dissepimente des 11/12 Segmentes, — in der Leibeshöhle des 11. Segmentes, — eine neue solide Zellgruppe, — der zukünftige Samentrichter. Besondere Eileiter entwickeln sich nicht bei den Enchytraciden. In derselben Zeit beginnt sich die äussere Haut des Leibesschlauches in der Intersegmentalfurche des 4/5 Segmentes einzustülpen, — es bildes sich die Samentaschen.

Mit dieser ersten Anlage der Geschlechtsorgane beginnt auch die Bildung des Gürtels.

Um nun die Geschlechtsverhältnisse der Enchytraeiden zu erkennen, sind folgende Fragen zu beantworten:
1. Auf welchen Segmenten entwickelt sich der Gürtel?
2. In welchem Verhältnisse stehen die Samen- und Eileiter zu den Segmentalorganen?
3. Modificiren sich die Segmentalorgane zu Samentaschen?

---

[1]) CLAPAREDE: Histolog. Untersuchungen etc. pag. 615.
[2]) ED. VAN BENEDEN: De la distinction orig. du testicule et de l'ovaire; caractèr e sex. des deux feuillets prim. d. l'embryon etc. — Bull. Acad. roy. Belg. T. XXXVII. 2. Sér. 1874, pag. 530—592.
[3]) CIAMICIAN: Zur Frage über die Entstehung der Geschlechtsstoffe bei den Hydroiden. Z. f. w. Zool. Bd. XXX. pag. 502—508.

Hodenbildung.

Im Capitel über die Hypodermis, die hauptsächlich an der Bildung des Gürtels theilnimmt, besprach ich bereits diesen Vorgang, und verweise hier nur auf die betreffenden Angaben. Es ist mir noch hinzuzufügen, dass der Gürtel das ganze 12. und die erste Hälfte des 13. Segmentes einnimmt, worüber ich später bei der Schilderung der als Eileiter fungirenden Öffnungen genauere Angaben liefern werde.[1])

Sämmtliche Organe sind in paariger Anordnung vorhanden, was gegen CLAPARÈDES Angabe spricht, nach der die Geschlechtstheile mancher Pachydrilen unpaarig sein sollen.

In dem Abschnitte über die Geschlechtsorgane sind folgende Theile zu besprechen:
A. Die Hoden.
B. Die Samenleiter.
C. Die Eierstöcke und Eileiter.
D. Die Samentaschen.

A. Hoden.

Wie bereits gesagt, entstehen sämmtliche Geschlechtsorgane gleichzeitig. Doch findet man bei einigen Arten die Regel, dass die Eierstöcke in der weitern Entwicklung fortschreiten, während die Hoden im ursprünglichen Stadium eine Zeit lang verbleiben. Es tritt hier der Fall ein, welchen E. RAY LANKESTER[2]) bei Tubifex und TAUBER[3]) bei Chaetogaster beobachtet haben. Bei dem letzten Thiere entwickeln sich aber die Hoden früher als die Eier.

Bei Euchytraeus Buchholzii, E. humicultor und Pachydrilus Pagenstecheri habe ich Folgendes beobachtet: In der Zeit, wo aus den Eizellenklumpen junge Eier sprossen und sich mit Dotterelementen zu füllen beginnen, sieht man die ersten Anfänge der sich entwickelnden Samentaschen als winzige und dünne Höckerchen an der Leibeswand. Zu derselben Zeit, gleichzeitig mit der Entwicklung der Samentaschen, nimmt man die ersten Anlagen der Hoden wahr, die mit den Samentaschen zur vollständigen Reife gelangen. Dann wird wahrscheinlich die Begattung zu Stande gebracht und die Receptacula füllen sich mit Spermatozoen.

Was die Entwickelung der Hoden anbelangt, so habe ich dieselbe bei E. humicultor verfolgt. In den jüngsten Stadien sieht man an den hinteren Flächen der Dissepimente zwischen dem 9. und 10., dann zwischen dem 10. und 11. Segmente, blos im 10. und 11. Segmente grosse kernhaltige Zellen, die durch eine klebrige, zahlreiche gelbe und lichtbrechende Körperchen enthaltende Masse zusammengehalten werden. Die Spermatozoenbildung stimmt vollkommen mit der überein, welche KOVALEVSKY bei Lumbricus schildert; ich will daher auf jene Arbeit verweisen. Es erübrigt nur hinzuzufügen, dass während der allmäligen Entwicklung der Spermatozoenzellen sich die Leibeshöhle zu beiden Seiten des Darmes im 10. und 11. Segment mit denselben erfüllt; sodann fliessen die beiden ursprünglichen Zellgruppen zusammen und bilden bei den Gattungen Enchytraeus und Anachaeta zwei bräunliche, zu beiden Seiten des Darmes hinziehende, aus Spermatozoenzellen bestehende Gruppen, die von einer kernhaltigen Membran — wahrscheinlich dem Peritonaeum, — umgeben sind. Die Spermatozoen werden durch jene klebrige Masse zusammengehalten, welche allem Anscheine nach ihren Ursprung in den gelben, lichtbrechenden Körperchen hat, die bei den ersten Anfängen der sich entwickelnden Hoden erscheinen. Bei der vollständigen Spermatozoenentwicklung gehen diese Kügelchen gänzlich verloren.

Dieselbe Hodenbildung findet auch bei anderen Limicolen, wie bei Tubifex, Limnodrilus etc. statt, und dürfte wohl auch bei Nais und Chaetogaster obwalten. Daher ist die Angabe TAUBERS[4]) auffallend, wonach die in der Leibeshöhle flottirenden Wanderzellen „sanguis nutritivus" als Ausgangspunkt der Geschlechtsorgane dienen sollen.

Es sind dies Zellen mit hellem plasmatischem Inhalte (cellulae plasmaticae), oder die von Oeltropfen im Innern (corpora plasmatica), oder freie Oeltropfen (guttae oleagineae). Dieselben gruppiren sich an besonderen Stellen des Körpers und sollen sowohl zur Bildung neuer Knospen als auch der Geschlechtsprodukte dienen. Die Hoden erscheinen als zwei Zellenhaufen,[5]) die oberhalb des Bauchstranges im II. Gürtelsegment liegen, sich aber in ein Paar birnförmiger, mit einer Membran versehener Körper verwandeln. Auch von RAY LANKESTER wurden diese Organe

---

[1]) BUCHHOLZ behauptet in seiner Beschreibung von Ench. appendiculatus, dass der Gürtel bei dieser Art am 8. Segmente liegt. Es ist mir bisher nicht gelungen diese Art geschlechtlich entwickelt zu finden, so dass ich die Angabe Buchholz's nicht bestätigen und demnach auch nur mit Reserve annehmen kann.

[2]) E. RAY LANKESTER: Outl. on some observat. on the organ. of Oligochaetous Annelids. Annals and Magaz. nat. hist. Vol. VII. 1871. pag. 90—101.

[3]) TAUBER P.: Om Naidernes hygning og Kjonsforhold etc.

[4]) TAUBER: Undersogelser over Naidernes Kjonslose formering. Naturhist. Tigdsskrift. 1874. pag. 87. „Ubicunque corporum plasmaticorum transitus per aperturas dissepimentorum impeditur, corpora accumulantur, et, si impedimentum diutius manet, junguntur et efficiunt formationem novam, aut gemmam aut (modo ignoto) productus sexuales.

[5]) TAUBER: Om Naidernes hygning etc. Taf. XIII. Fig. 9. *t*.

als Hoden betrachtet. In dieser Hinsicht ist die Angabe SEMPERS[1]) richtig, der sich der Auffassung D'UDEKEM's[2]) anschliesst und die besprochenen Organe als Receptacula deutet. Nach Tauber sollen die Samentaschen dem Chaetogaster gänzlich fehlen; indess ist es wahrscheinlich, dass diese Organe sich erst später entwickeln, vielleicht in der Zeit, wo die Spermatozoen nur in der Leibeshöhle flottiren und die ursprüngliche Anlage der Hoden verschwunden ist. Die Samentaschen bei Stylaria und Nais weisen darauf hin, dass die von Tauber als Hoden betrachteten Organe nichts anderes als Receptacula sind.

Könnte man sicherstellen, dass die von Tauber als Hoden betrachteten Organe dieselben thatsächlich vorstellen, dann würden die Hoden des Chaetogaster den männlichen Geschlechtsdrüsen entsprechen, welche CLAPARÈDE bei Pachydrilus verrucosus beobachtete[3]) und deren Vorhandensein ich bei Pachydrilus Pagenstecheri bestätigen kann. Es heisst bei Claparède: „Le testicule n'est plus unique comme dans les espèces précédentes. Il y en a en général, au moins huit, en forme de poire trés-allongée. Ces testicules remplissent le neuvième et le dixième segment, leurs pédicelles convergent tous vers un même point de la paroi du neuvième segment, où ils s'insèrent en commun. Il forment donc un véritable bouquet. Du reste ils ne présentent pas d'ouverture, et ce n'est que par déhiscence, comme chez les espèces précédentes, qu'ils peuvent émettre leur contenu dans la cavité périviscéral."

Bei den übrigen Pachydrilen soll nach Claparède nur ein einziger Hoden vorkommen. Claparède hat vielleicht nur alte mit reifen Hoden ausgerüstete Arten untersucht, wo die Geschlechtsorgane zusammenfliessen und einen gemeinschaftlichen Klumpen darstellen. Im jugendlichen Zustande erscheinen die Hoden immer in paariger Anlage. Uebrigens hat CLAPARÈDE[4]) dasselbe von den Hoden des Tubifex und Limnodrilus behauptet, was schon durch die sorgfältigen Untersuchungen RAY-LANKESTER's berichtigt wurde. Die Geschlechtsorgane der Limicolen erscheinen also immer in paariger Anordnung.

Was zunächst die Hoden von Pachydrilus Pagenstecheri anbelangt (Taf. XIV. Fig. 9.), so habe ich an der Vorderfläche des Dissepimentes zwischen dem 10. und 11. Segmente eine Anzahl (6—8) birnförmiger Körper gefunden, die in ihrer vollständigen Entwicklung die ganze Leibeshöhle des 10. und 11. Segmentes erfüllten. Dieselben sind an der oberen Seite des Dissepimentes befestigt und nicht an der Leibeswand, wie Claparède angibt. Die jüngsten Zustände der Hoden bei Pachydrilus stellen kleine belle Säckchen dar, aus deren innerem Epithel sich die Samenzellen entwickeln. Durch allmäliges Wachsthum gestalten sich dieselben als birnförmige Körper. Die äussere Wandung dieser Organe besteht aus polygonalen Zellen mit deutlichem Korn und Kernkörperchen (Taf. XIV. Fig. 9. *ep*); darunter liegt eine schwache Muskellage und das innere, die Spermatozoenzellen producirende Epithel. Die Grösse der einzelnen Drüssen ist sehr variabel, das Innere derselben enthält eine verschiedene Anzahl von Spermatozoenzellen und entwickelte Spermatozoen. Die grössten Säcke besitzen eine Menge dicht gedrängter und in verschiedenen Entwicklungsstadien begriffenen Spermatozoenzellen, wie in den Hoden von Enchytraeus und Anachaeta. Reife Spermatozoen verlassen durch die Dehiscenz der Wandungen die Hoden und flottiren frei in der Leibeshöhle, bis sie endlich wie bei Enchytraeus und Anachaeta und anderen Limicolen in die Samentrichter gelangen. Niemals werden die Hodensäcke von den Samentrichterwandungen umfangen, wie es TAUBER bei Chaetogaster schildert. In der oben besprochenen Gestalt sollen nun die reifen Hoden nach der Angabe TAUBER's bei Chaetogaster vorkommen. Bei diesem Wurme sollen die ersten Anfänge der Hodenbildung nur zwei membranlose Zellgruppen darstellen, welche erst später mit einer Membran umgeben und mittels langer Stiele an die Leibeswand befestigt werden. Dagegen hebt SEMPER[5]) hervor, dass sich die ursprüngliche Zellenlage später aushöhlt, bis sie sich zuletzt mittels eines Kanälchens mit der Leibeswand verbindet und durch eine deutliche Öffnung nach aussen mündet. Nach dieser Beobachtung dürften doch die von TAUBER als Hoden betrachteten Organe nur Receptacula seminis darstellen. Um diese Thatsachen festzustellen, ist es nothwendig genauere Untersuchungen an geschlechtsreifen Individuen von Chaetogaster anzustellen.[6])

In den Hoden der Enchytraeiden leben eigenthümliche Gregarinen. Eine Art derselben wurde schon von KÖLLIKER in ihrer Form und Entwicklung beschrieben; dieselbe habe ich in Ench. hegemon und galba beobachtet. Die andere Art (Taf. XIV. Fig. 13., 14., 15.) wohnt in den Hoden von Pachydrilus Pagenstecheri. Ich nenne sie

---

[1]) SEMPER: Beitr. z. Biolog. d. Oligochaeten. pag. 91.
[2]) D'UDEKEM: Notice sur les org. génit. des Aeolosoma et des Chaetogaster. Bullet. d. Acad. Belg. 2. sér. X.
[3]) CLAPARÈDE: Rech. s. Turbell. Opall. etc.
[4]) " " Rech. s. l. Oligochètes etc.
[5]) SEMPER: Zur Biologie der Oligochaeten.
[6]) *Ende Februar 1878* hatte ich Gelegenheit einen geschlechtsreifen Chaetogaster Limnaei zu untersuchen. Die Leibeshöhle war mit einigen reifen Eiern gefüllt, die Spermatozoen dagegen nur in spärlicher Anzahl in der Leibeshöhle flottirend. An der Stelle, wo Tauber die Hoden bei Chaetogaster zeichnet, erschienen zwei undeutliche Einstülpungen des Leibesschlauches — wahrscheinlich die sich entwickelnden Receptacula. Weiter konnte ich diesen Gegenstand nicht ermitteln.

Gonospora Pachydrili.

Ich habe sowohl einzelne Thiere als auch einige Entwickelungstadien derselben beobachtet. Die entwickelte Gregarine ist lang, keilförmig, hinten stumpf abgerundet, vorn schwach angeschwollen. Der Epicyt[1]) einfach contourirt, durchsichtig, gleichmässig dick, der Entocyt grobkörnig, undurchsichtig, meist braungefärbt. Der längliche Kern liegt in der vorderen Hälfte der Körpers. Das ganze Thier misst 0·2—0·5 Mm. Länge, 0·02—0·05 Mm. Breite, der Nucleus 0·03 Mm. lang, der Nucleolus 0·007 Mm. Die sich conjungirenden Individuen habe ich in verschiedenen Stadien gesehen. Eines derselben (Taf. XIV. Fig. 14.) zeigt 2 fast halbkugelige Individuen, die mit einem dunklen undurchsichtigen Inhalte gefüllt und von einer dicht anliegenden Membran umgeben sind. Aus derselben entwickelt sich nun eine Cyste (Taf. XIV. Fig. 15), welche aus einer durchsichtigen Substanz besteht und in der die Nachkömmlinge beider Individuen aufbewahrt werden. Man sieht in der unteren Hemisphaere eine noch ungetheilte Plasmakugel, während sich die obere in zahlreiche runde Sporen getheilt hat.

B. Morphologie der Samenleiter.

1. *Entwicklung*. Bisher hat man der von WILLIAMS vornehmlich für die Meeresannelidan aufgestellten Theorie gehuldigt, dass die Segmentalorgane die Funktion der Ausführungsgänge der Geschlechtsdrüsen annehmen. CLAPARÈDE versuchte auch den Beweis zu führen, dass sowohl die Samen- als Eileiter und Receptacula seminis bei den Oligochaeta limicola umgewandelte Segmentalorgane darstellen und dass sich diese Homologie für die Geschlechtsgänge der Oligochaeta Terricola nicht ausdehnen lässt.

Die Theorie Claparède's kann man bisher aus Mangel an directen Beobachtungen der Entstehungsweise der besprochenen Ausführungsgänge noch nicht als sichergestellt betrachten. Die Enchytraeiden gehören nach der bisher geschilderten Organisation den Limicolen an und ihre Ausführungsgänge der Geschlechtsstoffe sollen sich demnach aus den Segmentalorganen herausgebildet haben. Thatsache ist es, dass die Segmentalorgane bei den geschlechtslosen Exemplaren von Anachaeta, Enchytraeus und Pachydrilus im 12. und 13. Segment in derselben Gestalt und Lage, wie in den übrigen Segmenten, vorhanden sind. Nur die Verfolgung der allmäligen Entstehung der Samenleiter kann entweder zu Gunsten der Claparède'schen Theorie sprechen, oder dieselbe als unbegründet fallen lassen.

Wir wollen deshalb zuerst durch die Verfolgung der Samenleiterentwickelung prüfen, ob diese Ausführungsgänge thatsächlich den Segmentalorganen homolog sind.

Zu diesem Zwecke wählte ich namentlich junge Exemplare von Anachaeta Eisenii und Enchytraeus Buchholzii, bei denen die Geschlechtsorgane in der ersten Entwicklung begriffen waren. Bei Anachaeta bin ich in dieser Richtung zu folgenden Schlüssen gelangt:

Zur Zeit, wo am Dissepimente zwichen dem 10. und 11. Segment die ersten Anfänge der Samenzellen und am Dissepimente zwischen dem 11. und 12. Segmente die ersten Spuren der Eierstöcke (Taf. I. Fig. 12. *A ov*) zum Vorschein kommen, sieht man an der Stelle des früher hier fungirenden Segmentalorganes eine solide, birnförmige, von den Bau und Form der letzt genannten vollkommen abweichende Zellengruppe (Fig. 12 *A. t*) Dieselbe steckt in der Septalmembran und ragt mittels eines verengten Stieles in die Höhlung des 11. Segments hinein. Die Zellen sind glänzend, mit einer fettartigen Masse gefüllt und zeigen einen deutlichen Kern. Hinter dem Dissepimente sieht man noch keinen Zellenstrang, wie er in den nachfolgenden Stadium zum Vorschein kommt. Der junge Eierstock ist nämlich mehr ausgewachsen und erscheint als ein, aus deutlichen Zellen zusammengesetztes, traubenartiges Gebilde (Taf. I. Fig. 12. *B ov*.) Zu dieser Zeit verlängert sich auch die Zellengruppe in der Höhlung des 11. Segmentes zu einem kolbenförmigen Körper und entsendet in das 12. Segment einen stielartigen, undeutlich contourirten Strang, welcher ohne Windungen zu machen sich direkt an die Leibeswand befestigt (Taf. Fig. 12. *B st*). Das ganze Gebilde ist, wie gesagt, solid und lässt sehr schwer seinen zelligen Bau bemerken. Man sieht nichts von einem wimpernden Trichter, einem vielfach geschlängelten Wimperkanal und vom angeschwollenen Postseptale der Segmentalorgane; die Wimperung ist überhaupt nicht vorhanden.

Welche Modificirungen dieses Organ in der weiteren Entwicklung erleidet, zeigt die Abbildung auf Taf. I. Fig. 12. *C*. Der mächtig angeschwollene, drüsige, in das 11. Segment hineinragende Theil ist bereits mit einer lappigen Mündung oder Höhlung ausgerüstet. Die Waudungen sind dick, ohne deutliche Zellgränzen und entbehren der Wimperauskleidung. Der ganze besprochene Theil stellt den zukünftigen, in die Leibeshöhle des 11. Segmentes hineinragenden Samentrichter dar. Derselbe geht in einen langen, dünnen bereits spiralförmig gewundenen glänzenden, noch immer undeutlich contourirten Schlauch, ohne centrales Kanälchen über.

Den Uebergang zu der definitiven Entwicklung der Samenleiter habe ich nicht untersucht. Dieselbe wird

---

[1]) AIMÉ SCHNEIDER: Grégarines des Invertébrés. Arch. zool. expérim. Tom. IV. 1875. pag. 509.

wahrscheinlich durch die Entstehung der Wimperauskleidung, die mit der Durchbohrung des Schlauches zu Stande kommt, vollzogen. Sodann entsteht der Samenleiter, wie ihn Taf. I. Fig. 11. darstellt.

Ähnlich verhält sich diese Sache bei Enchytraeus Buchholzii, wo ich aber schon die mit Wimpern ausgerüsteten Samentrichter beobachtete.

Hier erscheinen die jungen Samenleiter in den Thieren, bei welchen die Eier schon weit in der Entwicklung begriffen sind (Taf. IV. Fig. 1.), und bei denen die Samentaschen nur als dünne und undeutliche Schläuche durch die Einstülpung der äusseren Leibeswand zwischen dem 4. und 5. Segmente zum Vorschein kommen. Es ist da zu sehen, dass im Dissepimente zwischen dem 11. und 12. Segment ein deutlicher, kelchförmiger, durchscheinender Trichter steckt (Taf. IV. Fig. 1. *st*, Taf. III. Fig. 10. *t*). In der vorderen Mündung desselben sieht man lebhaft wimpernde, lange Cilien, und nach ihrer bräunlichen Farbe leicht erkennbare, frühzeitig sich entwickelnde, kurze Spermatozoen (Taf. III. Fig. 10. *sp*). Die Mündung des Trichters ist breit, ziemlich tief und geht in ein undeutlich contourirtes wimperndes Kanälchen über. Die dicken Wandungen bestehen aus langen Cylinderzellen, die sich eben mit drüsigem Inhalte zu füllen beginnen. Dieser Trichter steht in Verbindung mit einem undeutlich contourirten, soliden Schlauche, welcher nach spärlichen Windungen auf der Bauchseite des 12. Segmentes sich mit der Leibeswand verbindet und nach aussen mündet. (Taf. IV. Fig. 1. *a*). In diesem Strange vermochte ich weder ein Kanälchen noch Wimpern zu beobachten.

Als Resultat der eben geschilderten Beobachtungen an Anachaeta und Enchytraeus ergiebt sich, dass die Segmentalorgane des 12. Segmentes mit dem Auftreten der Geschlechtsreife degeneriren und dass die Stelle derselben von den Samenleitern eingenommen wird. Als die erste Anlage des Samenleiters entsteht eine solide Zellgruppe, die gleichzeitig mit der Entstehung der ersten Keimzellen in die Leibeshöhle des 11. Segmentes hineinragt. Sodann vermehren sich die Zellen hinter dem Dissepimente und bilden einen dünnen Strang, welcher zuletzt seine definitive, vielfach gewundene Gestalt annimmt und durch die innere Durchbohrung und Wimperauskleidung der Zellen einen Ausführungsgang für die Spermatozoen darstellt.

Dadurch ist, meiner Ansicht nach, zur Genüge bewiesen, dass die Segmentalorgane der Enchytraeiden mit den Samenleitern nichts gemeinschaftlich haben.

Wir wollen nun das Verhältniss der Samenleiter zu den Segmentalorganen auch bei anderen Oligochaeten verfolgen. Als nächst verwandte Limicolen der Enchytraciden dürfte man die Naididen ansehen. SEMPER[1]) machte einige Beobachtungen über die Entstehung der Geschlechtsdrüsen und ihrer Ausführungsgänge bei denselben und seine Untersuchungen stimmen mit meinen vollständig überein. Die ersten Anlagen der Ausführungsgänge bei den Naididen erscheinen als solide Zellmassen, die sich als zukünftige Samentaschen und Samentrichter kundgeben. Später kommen auch im zweiten und dritten Rumpfsegment andere Zellmassen zum Vorschein, welche die Anlagen der Keimdrüsen bilden. Erst später setzen sich die Genitalgänge — nach meiner Beobachtung nur die Samentrichter — mit dem Leibesschlauch in Verbindung und beginnen sich auch schon auszuhöhlen.

Trotz der angeführten Beobachtungen über die selbstständige Entwicklung der Samentrichter finde ich bei SEMPER keine Andeutung, ob die ersten Anlagen derselben in irgend einer Beziehung zu den Segmentalorganen stehen. Indessen glaube ich, dass bei Naididen derselbe Entstehungsprocess der Samentrichter stattfindet, wie bei den Enchytraeiden; die Segmentalorgane degeneriren und ihre Stelle wird von neuen Zellmassen — den zukünftigen Samentrichtern — eingenommen.

Zu den Forschern, die sich der Claparède'schen Theorie angeschlossen haben, gehört auch PERRIER[2]); und zwar aus folgenden Gründen:

1. Perrier fand, dass die Segmentalorgane mit den Samenleitern sowohl in der Form, als in der Lage übereinstimmen.

2. Dass die äusseren Öffnungen der Samenleiter fast immer der Lage der äusseren Öffnungen der Segmentalorgane entsprechen.

Mit diesem letzten Satze kann ich mich nicht einverstanden erklären. Man hat zwar bei einigen Oligochaeten für die Samenleiter wie für die Segmentalorgane dieselbe Öffnung nachgewiesen: doch kann man sich in zahlreichen Fällen nicht mit Bestimmtheit äussern, da die Öffnung der Segmentalorgane nach der Lage der Borsten bestimmt wird. Die Borsten fehlen aber gewöhnlich an Gürtelsegmenten, wo die Samenleiter ausmünden. Die Segmentalorgane münden mit wenigen Ausnahmen bei allen bisher bekannten Oligochaeten *vor* den Bauchborsten nach aussen. So ist es auch bei Rhynchelmis der Fall. Bei der vollständigen Geschlechtsreife dieses Wurmes gehen die Bauchborsten an den Genitalsegmenten nicht verloren; nun befinden sich aber die äusseren Öffnungen der Samenleiter immer *hinter* den Bauchborsten, wie die Öffnungen der Samentaschen.[3]) Schon diese Thatsache spricht gegen die Lehre, dass die Samenleiter aus den Segmentalorganen hervorgegangen sind.

---

[1]) SEMPER: Beiträge zur Biologie der Oligochaeten pag. 87.
[2]) PERRIER: Rech. pour serv. à l'histoire des lombriciens terrestres. pag. 172—173.
[3]) VEJDOVSKÝ: Anatom. Studien an Rhynchelmis Limosella. Z. f. w. Z. Bd. XXVII. 1876. pag. 346. Taf. XXIII. Fig. 1. *fe.* Fig. 3. *vd.*

Doch giebt es noch weitere Gründe. Bei Anteus erwähnt PERRIER[1]) der Samenleiter, welche mehrere Segmente in Anspruch nehmen. Dasselbe weiss man auch von Rhynchelmis[2]), wo die Samenleiter bei vollständiger Abwesenheit der Segmentalorgane das 10—13. Segment einnehmen sind. Man könnte einwenden, dass diese Samenleiter durch Verwachsung der entwickelten Segmentalorgane entstanden. Wie kann man sich aber diese Verwachsung der entwickelten Segmentalorgane denken? Vergleicht man dieselben mit den Samenleitern, so findet man in keiner Beziehung eine Ähnlichkeit; sowohl die Gestalt, als die Lage und der so complicirte Bau der Samenleiter sprechen gegen die Homologie derselben mit den Segmentalorganen. Wohl aber kann man sich hier die Entstehung der Samenleiter erklären, wenn man annimmt, dass die Segmentalorgane der betreffenden Segmente mit dem Auftreten der Geschlechtsreife degeneriren und an deren Stelle in den Dissepimenten neue Zellmassen entstehen, die frühzeitig verwachsen und einen so complicirten Samenleiterapparat produciren, wie man ihn bei der genannten Gattung findet.

Denselben Process nehme ich an auch für die Entstehung der Samenleiter bei Stylodrilus, Lumbriculus, Trichodrilus und Phreatothrix, bei denen ein mehr oder weniger complicirter Samenleiterapparat fungirt.

Claparède hat seine Theorie nur für Limicolen aufgestellt und dies, meiner Ansicht nach, aus dem Grunde, weil er in den Genitalsegmenten keine Segmentalorgane gefunden und weil die Samenleiter mit den männlichen Geschlechtsdrüsen nicht verwachsen sind. Dieser letzte Fall findet aber bei den Terricolen statt, auf welche sich die Claparède'sche Theorie nicht ausdehnen lässt. In den Genitalsegmenten der Lumbriciden fungiren nämlich nebst den Samenleitern noch die Segmentalorgane. Die Samenleiter der Terricolen weichen aber nur dadurch von den der Limicolen ab, dass sie mit den männlichen Keimdrüsen in direkter Verbindung stehen. Diese Thatsache steht aber in schönsten Einklange mit der Auffassung, dass sich die Samenleiter nicht aus einem zweiten Paare der Segmentalorgane in den betreffenden Segmenten herausgebildet haben (RAY LANKESTER[3]), sondern dass sie denselben Ursprung haben, wie die Samenleiter von Anachaeta. Die Samenleiter der Terricolen entstehen ganz selbstständig erst mit dem Auftreten der Geschlechtsreife zugleich mit den Hoden, mit denen sie frühzeitig in Verbindung treten. Der grössere Umfang der Leibeshöhle bei Lumbricus und Plutellus gestattet neben den Segmentalorganen auch die Entstehung selbstständiger Samenleiter.

Für die Polychaeten muss man allerdings nach den Beobachtungen von EHLERS[4]) annehmen, dass die Segmentalorgane, ohne durch besondere Umbildungen ausgezeichnet zu sein, die Funktion der Samenleiter vertreten. Ich selbst bin zu dieser Ansicht bei der Untersuchung von Tomopteris gekommen, und betrachte die Samenleiter dieses Wurmes als umgewandelte Segmentalorgane. Indess kann nur die Erkenntniss der Entwicklung diese Auffassung bestätigen. Die Segmentalorgane der Anneliden sind wohl als homolog den Wassergefässen bei den übrigen Wurmgruppen anzusehen. Nach der Williams-Claparède'schen Auffassung dürfte man dafür halten, dass diese Wassergefässe die Rolle der Geschlechtsgänge bei den betreffenden Würmern spielen. Wir wollen zunächst prüfen, ob es bei den den Oligochaeten am nächsten stehenden Hirudineen der Fall ist. Hier findet man neben den, fast die ganze Leibeshöhle durchziehenden Samenleitern in jedem Segmente noch die Segmentalorgane, ein Beweis, dass sich die männlichen Ausführungsgänge ganz selbstständig entwickelt haben. Bei der Gattung Branchiobdella verhalten sich die Geschlechtsgänge wahrscheinlich in derselben Weise, wie bei den Limicolen.

Was die Gephyreen anbelangt, so will ich die entsprechenden Verhältnisse bei den Eileitern näher besprechen. Doch auch bei den übrigen Wurmklassen kann man nicht den Beweis führen, dass sich die Wassergefässe zu Samenleitern modificiren. Mehr als irgend wo könnte man dies bei den Rotatorien erwarten, wo die Exkretionsapparate mit so vielen Wimpertrichtern — ähnlich den Anneliden — in die Leibeshöhle sich öffnen. Und doch ist es in keinem einzigen Falle sichergestellt, dass sie mittelst der Trichter entweder die Spermatozoen, oder die Eier nach aussen entleeren. Im Gegentheile weiss man, dass die Keimdrüsen der Rotatorien durch besondere Ausführungsgänge in Verbindung stehen, die sich wahrscheinlich gleichzeitig mit den Geschlechtsdrüsen entwickeln. Nach der Williams'schen Theorie lässt sich allerdings zwischen dem Urogenitalsystem der Anneliden und der Arthropoden kein Vergleich ziehen. Bei den letzten findet man bekanntlich keine Spur von den Segmentalorganen[5]); dagegen weiss man aber, dass die Geschlechtsdrüsen mit besonderen Ausführungsgängen, wie bei den Rotatorien, in Verbindung stehen. Derselbe Fall kommt auch bei den Mollusken vor, und es erübrigt nur nachzuweisen, dass die Keimdrüsen und ihre Ausführungsgänge gleichzeitig entstehen.

2. *Anatomie.* Bei allen Arten erscheint der entwickelte Samentrichter als ein mächtig angeschwollenes Organ, dessen Form für manche Arten ganz charakteristisch ist. Was den feineren Bau anbelangt, so bestehen auch die Samen-

---
[1]) PERRIER: Rech. pour serv. etc. pag. 173.
[2]) Die Angabe von EHLERS (Hypophorella expansa. Ein Beitrag z. Kenntn. d. minirenden Bryozoen 1876. pag. 149) über die verwachsenen, mit 2 Mündungen versehenen Segmentalorgane von Rhynchelmis bezieht sich offenbar nur auf die Samenleiter.
[3]) RAY LANKESTER: On the Anatomy of Easthworm. Quarterly Journ. of microscop. Scienc. 1865.
[4]) EHLERS: Die Borstenwürmer. 1. Leipzig 1864. pag. 42—44.
[5]) Man muss noch eingehendere Untersuchungen anstellen, um annehmen zu können, dass die Tracheen der Insekten und Myriapoden aus den Segmentalorganen hervorgegangen sind (SEMPER: Verwandtschaftsbeziehungen etc.). Meiner Ansicht nach sind nur die Speicheldrüsen der letzten Thierklassen als homolog den Segmentalorganen aufzufassen.

trichterwandungen aus einer einfachen Schicht von Cylinderzellen, die mit einem grossen Kerne und grobkörnigen Inhalte versehen sind. Bei den meisten Arten lässt sich der Samentrichter sehr schwer auspraepariren; die Zellen hängen äusserst schwach zusammen und zerfallen und contrahiren sich sogleich beim Wasserzusatze. Bei Anachaeta, die sich überhaupt durch eine grössere Resistenz in ihrem Baue auszeichnet, kann man sowohl die Samentrichter als auch die damit zusammenhängenden spiralig gewundenen Kanäle auspräpariren. Die letzt genannten Kanäle stellen eine Zellenreihe dar, die in ihrem Innern mit lebhaftwimpernden Cilien ausgestattet sind. Die grösste Länge erreicht der Samenleiter bei Ench. humicultor, wo der vielfach gewundene und verhältnissmässig dicke Kanal bis in das 17., selbst 19. Segment reicht.

Bei manchen Arten, wie bei Ench. ventriculosus (Taf. VI. Fig. 11. *pr*), Ench. Buchholzii (Taf. III. Fig. 11. *pr*), Ench. galba (Taf. VII. Fig. 5. *pr*) und Pachydrilus Pagenstecheri ist das äussere Ende der Samenleiter mit einem grossen rundlichen Körper ausgerüstet, der sich aus grossen, keilförmigen, einzelligen Drüsen zusammensetzt. Diese Drüsen umfassen die Samenleiter und wahrscheinlich leeren ihren körnigen Inhalt in die Mündung derselben aus. Sie stellen sonach die bekannten Drüsen dar, die auch bei anderen Limicolen (Rhynchelmis, Trichodrilus, Phreatotrix etc.) bekannt und mit dem Namen Prostata belegt worden sind.

Der äusserste Theil des Samenleiters fügt sich an eine Duplikatur der eingestülpten Cuticula des Leibesschlauches, die sich wieder ausstülpen kann und ein rundes Röhrchen darstellt (Taf. VII. Fig. 5. *a*; Taf. VIII. Fig. 9. ♂). Diese Röhre ist mit besonderen contraktilen Muskelfasern an die Leibeswand befestigt, und lässt sich dadurch nach dem Belieben des Thieres ein- oder ausstülpen. Zweifelsohne fungirt sie bei der Begattung als Penis.

Der Ort, wo die Samenleiter nach Aussen münden, ist durch die Prostatadrüsen gekennzeichnet. Dieselben bilden ringsum die äussere Öffnung eine zierliche rosettenartige Berandung (Taf. IV. Fig. 1. *a*).

C. Eierstöcke und Eileiter.

Die Eierstöcke der Enchytraeiden liegen im 12. Segment und sind mittels einer, das ganze Ovarium umhüllenden, feinen Membran an der Rückenseite des Dissepimentes zwischen dem 12. und 13. Segment befestigt. Die nachfolgenden Thatsachen werden die Verhältnisse der Eibildung verständlich machen.

Bei Ench. Buchholzii (Taf. IV. Fig. 1.), Ench. ventriculosus und Pachydrilus Pagenstecheri findet man zu beiden Seiten des Darmes zahlreiche, keilförmige Zellkomplexe, die sich bei näherer Untersuchung als Eierstöcke kundgeben. Die jüngsten Stadien derselben (Taf. IV. Fig. 1. *ov*) erscheinen als birnförmige, mit dem dünneren Ende an das Dissepiment befestigte Gebilde, die aus zahlreichen, mit durchscheinendem Protoplasma gefüllten Zellen bestehen. Die Grössenverhältnisse dieser Zellen ergeben sich bei Ench. Buchholzii folgendermassen:

	Zelle 0·016 Mm.,	Keimbläschen 0·008 Mm.,	Keimfleck 0·0032 Mm.
bei Ench. humicultor	„ 0·014 Mm.,	„ 0·007 Mm.,	„ 0·003 Mm.
bei Pach. Pagenstecheri	„ 0·0145—0·0167 Mm.,	„ 0·003—0·009 Mm.,	„ 0·0023—0·0037 Mm.

Während diese, aus gleichwertigen Zellen bestehenden Klumpen die jüngsten Stadien der Eierstöcke darstellen, sieht man an anderen Zellkomplexen, dass eine, am unteren Pole befindliche Zelle, durch ihre Dimensionen und ihr Aussehen von den anderen abweicht (Taf. IV. Fig. 1. *o¹*). Sie besitzt eine dem feinkörnigen Protoplasma anliegende Membran; das Keimbläschen misst bei Pachydrilus Pagenstecheri 0·015 Mm., der Keimfleck 0·0037 Mm. Die vordere, aus hellen Zellen bestehende Zellgruppe stellt den ernährenden Theil der darunter befindlichen Eizelle dar. Die im fortschreitenden Wachsthum begriffenen jungen Eier ragen mehr nach hinten in das 12. Leibessegment hinein und erfüllen durch ihr Volumen die ganze Leibeshöhle desselben. Dabei bemerkt man, dass das Protoplasma der Eier grobkörnig und undurchsichtig ist, während die Ernährungszellen sich allmälig verkleinern. Zuletzt werden die letzten gänzlich von dem entwickelten Ei verdaut und dasselbe fällt in die Leibeshöhle hinein. Es ist undurchsichtig, weiss, mit grobkörnigem Protoplasma versehen und mit einer resistenten Membran umhüllt. Dagegen konnte ich nie in reifen, noch in der Leibeshöhle befindlichen Eiern ein Keimbläschen mit einem Keimflecke wahrnehmen. Auch den Process, wie die genannten Bestandtheile verloren gehen, vermochte ich durch keinerlei Reagencien zu ermitteln.

In dieser Weise entwickeln sich die Eier nach und nach aus einzelnen Zellkomplexen, von denen ein jeder für sich allein mit einem besonderen membranösen Stiele am Dissepimente befestigt ist (Pachydrilus Pagenstecheri Taf. XIV. Fig. 10.)

Bei Enchytraeus Buchholzii findet man in seltenen Fällen auch eine andere Gruppirung der Eizellenklumpen, wie dies Fig. 15. Taf. III. veranschaulicht. Im 12. Segment befindet sich eine lang, tief in die Leibeshöhle hineinragenden Eierstock, der mittelst einer Membran ebenfalls am Dissepimente befestigt ist. In einem Segmente sieht man zu jeder Seite des Darmkanals nur ein solches Gebilde. Die Form desselben ist ganz abweichend von der oben besprochenen. Ein jeder Eierstock stellt ebenfalls einen birnförmigen, aus hellen Zellen bestehenden Körper dar; die Zellen sitzen aber nicht continuirlich hintereinander, sondern werden während des ganzen Verlaufes durch deutliche, seichte Einschnitte in einzelne runde oder längliche Klumpen getheilt. Die die Zellklumpen im Zusammenhange haltende

Membran nimmt ihren Beginn am Dissepimente und erstreckt sich der ganzen Länge nach auf der einen Seite des Eierstockes, während sich auf der anderen aus einzelnen Zellklumpen die Eier reihenweise entwickeln. Diese Bildung entspricht vollständig der oben geschilderten. Die jüngsten Stadien findet man dicht hinter dem Dissepimente des 11. und 12. Segmentes, die ältesten dagegen auf dem letzten, und zugleich auch grössten Zellkomplexe. Ob sich die einzelnen Zellgruppen von dem gemeinschaftlichen Eierstocke lostrennen, um dann in der Leibeshöhle die definitive Entwicklung durchzumachen, vermochte ich nicht zu ermitteln. Jedenfalls aber sieht man in dieser letzt besprochenen Eientwicklung einen Uebergang zu dem bei den meisten Arten stattfindenden Vorgang bei der Eibildung.

Dieselbe verfolgte ich bei vielen Enchytraeusarten und bei Anachaeta, und wie schon RATZEL [1]) und RAY LANKESTER [2]) bei Tubifex Bonetti. Die in der ersten Entwickelung begriffenen Eierstöcke sind ebenfalls mittelst einer feinen Membran am Dissepimente befestigt und auf der Oberfläche, — wie im letzten Falle bei Ench. Buchholzii, — durch schwache Einschnitte in einzelne Gruppen getheilt. Bei Ench. leptodera (Taf. X. Fig. 8. ov;) Ench. humicultor (Taf. V. Fig. 8.) und anderen Arten bilden sich die Eier auf den Eierstöcken nicht seitwärts von den Zellgruppen, sondern es tritt der längst bekannte Process ein, welchen ich hier nur kurz berühren will. Die die Eierstöcke umgebende Membran platzt bei sehr heftigem Wachsthum derselben, und die einzelnen Eizellen fallen ballenweise in die Leibeshöhle, um sich hier flottirend zu definitiven Eiern in der oben angegebenen Weise zu entwickeln. So findet man eine grosse Anzahl der sich entwickelnden Eier in allen Bildungsstadien im 12. bis 16. Segment (Taf. VII. Fig. 6. o). Die Ernährungszellen bieten dem jungen Ei nicht nur eine hinreichende Menge von körnigem Protoplasma, sondern befördern auch die Bildung der derben, homogenen und resistenten Membran, die das Ei umgiebt.

Ueber die Eibildung bei den Enchytraeiden hat schon RATZEL [3]) ausgezeichnete Angaben geliefert. Nur in einem Punkte kann ich mit diesem Forscher nicht übereinstimmen. Nach Ratzel sollen die Zellgruppen mit einem Male zerfallen, so dass dann kein eigentlicher Eierstock existirt. Meine Praeparate von Anachaeta und einigen Enchytraeusarten beweisen aber, dass am Dissepimente des 11. und 12. Segmentes noch die mit Einschnitten verschenen Eierstöcke existiren, während in der Leibeshöhle schon eine Anzahl der zerfallenen Zellgruppen flottirt und die daraus sich entwickelnden Eier in verschiedenen Stadien vorhanden sind. Nach dieser Thatsache dürfte man annehmen, dass die Zellgruppen bis zur bestimmten Reife miteinander zusammenhangen, dann aber sich lostrennen, um in der Leibeshöhle die definitive Entwicklung durchzumachen.

Aus den eben geschilderten Entwickluugsweisen der Eier lässt sich dieser Process bei den Enchytraeiden auf einen gemeinschaftlichen Plan reduciren. Enchytraeus Buchholzii, welchen ich in dieser Hinsicht am genauesten untersuchte, giebt darüber den besten Aufschluss. Die einzelnen Zellgruppen können sich für sich allein am Dissepimente neben einander entwickeln, wobei sie mittels der Membran bis zur definitiven Reife mit den Ernährungszellen am Dissepimente festhalten. Im zweiten Falle entwickeln sich die Eizellgruppen hintereinander, und werden durch eine feine Membran zusammengehalten. Durch heftiges Wachsthum trennen sie sich los und die Eier entwickeln sich in der Leibeshöhle.

Wie die Eierstöcke vor RATZEL aufgefasst wurden, hat schon dieser Forscher gewürdigt; CLAPARÈDE deutete die in der Leibeshöhle flottirenden Zellgruppen als Ovarien. BUCHHOLZ suchte die Lagerstätte der flottirenden Zellgruppen in den Septaldrüsen. Dagegen hat D'UDEKEM als Ovarium einen häutigen Sack aufgefasst, welcher die flottirenden Eizellengruppen umgiebt. Dieselbe Eientwickelung, wie bei den Enchytraeiden findet nach den Arbeiten TAUBER's auch bei Naididen und Chaetogaster statt.

Nun ist die Frage zu beantworten, auf welchem Wege die Eier zur Aussenwelt gelangen, ob es bei den Enchytraeiden wahre Eileiter giebt, und ob die Segmentalorgane zu diesen Organen in irgend welcher Beziehung stehen.

Diese Fragen wurden bisher nicht gehörig erörtert. D'UDEKEM [4]) nimmt an, dass der den Hoden invaginirende Eierstock durch zwei zu beiden Seiten des Samenleiter befindliche Öffnungen auf einer Papille nach aussen mündet. Diese Öffnungen sollen als Eileiter fungiren. D'Udekem hat offenbar ein Analogon der Verhältnisse bei den Tubificiden gesucht; denn bei diesen ist thatsächlich der Samenleiter in den Eileiter invaginirt. [5]) BUCHHOLZ konnte die Eileiter ebenfalls nicht entdecken, spricht aber die Vermuthung aus, dass sich vorübergehend eine einfache Öffnung in den Körperwandungen bildet, welche den Eiern den Durchtritt nach Aussen gestattet.

Solche Oeffnungen hat thatsächlich schon CLAPARÈDE [6]) entdeckt und dieselben unrichtig in das 12. Segment

---

[1]) RATZEL: Beitr. z. anat. und syst. Kennt. d. Olig. etc.
[2]) RAY LANKESTER: Outline of some Observ. on the Organisation of Oligochaetous Annelid. Ann. Mag. Nat. hist. Ser. IV. Vol. 7. 1871. pag. 96.
[3]) Beitr. z. Anat. und syst. Kennt. etc. pag. 567.
[4]) D'UDEKEM: Mem. s. l. develop. d. lombr. terrest. etc.
[5]) VEJDOVSKÝ: Ueber Psammoryctes umbellifer etc. Z. f. wissensch. Zool. 1876 Bd. XXVII.
[6]) CLAPARÈDE: Rech. s. Anat. d. Oligoch. etc.

versetzt. Von vornherein muss ich hervorheben, dass die Entdeckung dieser Organe sehr schwierig ist und sich nur an Thieren erreichen lässt, die mit vollständig reifen, zur Ablegung fertigen Eiern gefüllt sind. Aber auch bei dieser Gelegenheit ist es nicht leicht das passende Thier zu finden. Mir gelang es die Eileiter durch folgende Methode zu entdecken. Die mit reifen Eiern versehenen lebenden Thiere gab ich ins Wasser, das mit 2—3 Tropfen Osmiumsäure gemischt war, auf ein Uhrgläschen. Die allmälige Wirkung dieses Gemisches übte eine Contraction der Muskeln aus und hatte unter Anderem das Klaffen sämmtlicher Öffnungen am Körper zur Folge. Namentlich die Rückenporen traten in ihrer ganzen Grösse hervor und auch die Eileiter, wenn sie herausgebildet wurden, kamen zum Vorschein. Nicht selten (Euch. humicultor, Taf. V. Fig. 9.) traten aus den breiten Öffnungen grosse Eier aus und blieben noch in denselben eine Zeitlang stecken. Im anderen Falle (Enchytraeus galba Taf. VII. Fig. 6.) öffneten sich zwar die Eileiter, aber das reife Ei blieb in der Leibeshöhle, da die Öffnungen noch nicht hinreichend ausgebildet waren.

Bei Ench. humicultor (Taf. V. Fig. 9.) erscheinen nach der erwähnten Procedur zu beiden Seiten des Körpers zwischen dem 12. und 13. Segment zwei breite Querrinnen, deren Umrandung durch stark im Pikrokarmin sich imbibirende Drüsen des Gürtels hervortritt. In einer der Rinnen steckt zuweilen ein abzulegendes Ei. Öfters sah ich, dass dasselbe mit grösserem Theile aussen war, während es noch mit einem Stiele zwischen beiden Lippen des Eileiters steckte. So traf ich dieses Verhältniss auch bei Enchytraeus Buchholzii und Ench. Perrieri. Ein besonderes Interesse verdient die Einlage bei Enchytraeus galba (Taf. VII. Fig. 6.). Auf dem von dieser Art angefertigten Praeparate erscheint Folgendes:

Das abzulegende Ei nimmt die ganze Höhle des 12. Segmentes in Anspruch (o) und schickt nach beiden Seiten desselben zwei Ausbuchtungen aus, welche in zwei seitliche, den Gebilden bei Ench. humicultor, Buchholzii und Perrieri bezüglich der Lage und Gestalt analoge Öffnungen eindringen. Diese Mündungen ragen weit über das Niveau des Gürtels (ovd). Doch sind sie nicht vereinzelt. Zwischen dem 13./14., 14./15., und 15./16. Segment kommt auch an jeder Seite des Körpers eine Öffnung zum Vorschein, die vollständig der zwischen dem 12. und 13. Segment gelegenen ähnlich ist und vielleicht dieselbe Function verrichtet. Bei anderen Arten stellte ich keine Untersuchungen über diese Verhältnisse an, da ich überzeugt war, dass die Öffnungen zwischen dem 12. und 13. Segment als wahre Eileiter fungiren. Sie befinden sich daher nicht am 12. Segmente, wie CLAPARÈDE annimmt. Auf diesem Segmente münden an der Bauchseite die Samenleiter und zwar in den Punkten, welche beinahe der Lage der äusseren Öffnungen von Segmentalorganen entsprechen (Taf. V. Fig. 9. df). Hier fehlen allerdings sowohl die Bauch- als Rückenborsten, um darnach die Mündung der Samenleiter sofort beurtheilen zu können. Dagegen liegen die Eileiter zwischen den Samenleiterborsten und den zwei am hintern Rande des Gürtels befindlichen vorkommenden Bauchborsten (Taf. V. Fig. 9. bb). Es erübrigt nur zu entscheiden, welchem Segmente diese Borsten angehören. Keinesfalls liegen sie im 12. Segment; denn wäre dem so, so würde sich nur die vordere Hälfte dieses Segmentes zum Gürtel modificiren, was aber bei dem grossen Umfange des Gürtels nicht steht und nach der Analogie der übrigen Oligochaeten — z. B. der Tubificiden und Naididen, die den Enchytraeiden am nächsten stehen, nicht möglich ist. Es erübrigt somit nur die Lage der Eileiter zwischen dem 12. und 13. Segmente anzunehmen; die Samenleiter münden dann in dem ersten, die Eileiter im zweiten Dritttheile des Gürtels nach aussen.

Die von CLAPARÈDE ausgesprochene Hypothese, als ob das Gürtelsegment eigentlich durch das Zusammenfliessen zweier Segmente entstünde, ist theilweise giltig und durch die voranstehende Auseinandersetzung begründet.

Es fragt sich nun, ob diese als Eileiter fungirenden Öffnungen in besonderer Beziehung zu den Segmentalorganen stehen, d. h. ob sie sich aus den Segmentalorganen herausgebildet haben?

Die nachfolgende Betrachtung wird uns diese Frage beantworten.

Bei den Würmern, wo die entwickelten als Eileiter fungirenden Öffnungen noch nicht existiren, fand ich niemals eine Spur von Segmentalorganen in der hinteren Region des Gürtels; diese sind mit dem Auftreten der Geschlechtsreife vollständig mit dem zwischen dem 12. und 13. Segment befindlichen Dissepiment verloren gegangen und die Eileiter entwickelten sich nur auf Kosten der Körperwandung. Diese Deutung wird noch durch folgende Umstände unterstützt:

Die Segmentalorgane liegen an der inneren Bauchseite, während die Eileiter zu beiden Seiten des Körpers, links und rechts Queröffnungen darstellen. Auch die erwähnten Mündungen zu beiden Seiten des Körpers bei Ench. galba, zwischen dem 13. und 14., 14. und 15. und zwischen dem 15. und 16. Segment (Taf. VII. Fig. 6. ovd^1, ovd^2) weisen darauf hin, dass die in diesen Segmenten zugleich vorkommenden Segmentalorgane in keiner Beziehung zu diesen Öffnungen stehen. Über die Frage, ob dieselben die Function der Eileiter übernehmen und ob sie auch bei anderen Arten vorkommen, habe ich keine Beobachtungen angestellt, doch erkläre ich mir die Sache in der Weise, dass die Eier bei E. Buchholzii bis zur vollständigen Reife am Dissepimente befestigt bleiben; dann trennen sie sich los und nehmen sich direkt dem Eileiter, um abgelegt zu werden. Bei anderen Arten, wie bei E. galba, zerfallen die Eizellengruppen und flottiren dann bis zur vollkommenen Entwicklung in der Leibeshöhle. So findet man die sich bildenden Eier im 14., 15. und 16. Segment. Wahrscheinlich kehren sie nicht mehr zurück, um durch die Eileiter zwischen dem 12. und

13. Segment nach aussen zu kommen; denn die sich später entwickelnden Eier drücken die älteren nach hinten. In diesem Falle entwickeln sich zweifelsohne die Öffnungen zwischen den genannten Segmenten und nehmen dann die Funktion der Eileiter an. Alle haben nur eine temporäre Existenz, indem sie nur den mit reifen Eiern ausgerüsteten Thieren zukommen. Die abgelegten Kokons der Enchytraeiden stellen ovale mit kleinen, an beiden Polen stehenden, pfropfenartigen Stielchen. In jedem Kokon findet man nur ein einziges Ei (Taf. II. Fig. 4a, 4b).

Die Abwesenheit der Segmentalorgane zwischen dem 12. und 13. Segment weist darauf hin, dass die als Eileiter fungirenden, zu beiden Seiten des Gürtels befindlichen Öffnungen mit den erst genannten Organen nicht homolog sind. Die Öffnungen entwickelten sich nur auf Kosten des Leibesschlauches.

Diese Thatsache veranlasst mich auch die bei anderen Oligochaeten bekannten Eileiter mit den Segmentalorganen der betreffenden Segmente zu vergleichen. Man kennt dieselben bei Lumbriculus und Stylodrilus[1]), wo sie trichterförmige, im Dissepimente des 11/12. Segmentes befestigte Tuben darstellen, welche am 12. Segmente, weit vor den Bauchborsten nach aussen münden. Weiter kennt man die Eileiter bei Rhynchelmis, wo dieselben kleine in der Intersegmentalfurche des 12/13. Segmentes mit der Aussenwelt communicirende Trichter darstellen. Bei Lumbricus wurden die Tuben von HERING[2]) entdeckt und von RAY LANKESTER[3]) abgebildet. Dieselben werden im Septum zwischen dem 13. und 14. Segment eingefasst und münden am 14. Segment nach aussen. Auch kennt man die ähnlich sich gestaltenden Eileiter bei zahlreichen, von PERRIER untersuchten Lumbriciden.

Die bekannten Eileiter bei verschiedenen Oligochaeten haben mit den Segmentalorganen nur das gemeinschaftlich, dass sie im Septum der betreffenden Segmente befestigt sind. In der Lage der äusseren Öffnungen verhalten sie sich verschiedentlich, indem sie entweder *weit* vor den Bauchborsten, oder sogar in den Intersegmentalfurchen nach aussen münden. Der Bau der Eileiter lässt sich auf keine Weise auf den der Segmentalorgane reduciren, höchstens, insofern der Wimpertrichter der Segmentalorgane in verschiedenen Modificirungen auch den Eileitern gemeinschaftlich ist.

Die Eileiter entwickelten sich also ganz unabhängig von den Segmentalorganen; wahrscheinlich in derselben Weise, wie die Samenleiter. Bisher nimmt man auch bei einigen Gephyreen an, dass die in dem Vorderende des Körpers befindlichen und zur Ausführung der Eier dienenden Trichter als modificirte Segmentalorgane aufzufassen sind. Diese Deutung bedarf aber einer Bestätigung. In meiner Arbeit über Bonellia[4]) erwähnte ich bereits, dass es mir niemals gelungen ist bei den jungen Weibchen den Trichter oder irgend ein anderes die Stelle desselben vertretendes Gebilde aufzufinden. Erst bei den ersten Anlagen des Eierstockes erschien im Vorderende des Körpers auch die erste Spur des Eileiters, — ein deutlicher Trichter mit dem sich bildenden Eierbehälter. Diese Thatsache steht im schönsten Einklange mit den an den Enchytraeiden angestellten Beobachtungen. Die Entwicklung der Keimdrüsen befindet sich hier in einer Correlation mit der Entstehung ihrer Ausführungsgänge. Diese kommen nicht in direkte Verbindung mit den Geschlechtsdrüsen, sondern accomodiren sich zur Aufnahme der Geschlechtsproducte zu Wimpertrichtern.

D. Receptacula seminis.

Die unter diesem Namen bekannten Organe der Oligochaeten finden bei der Familie der Enchytraeiden ihre Lage meist im 5. Segment und münden in der Intersegmentalfurche der oberen Borstenreihen zwischen dem 4. und 5. Segment nach aussen. Sie sind in einem Paar vorhanden, nur Ench. puteanus (Taf. XII. Fig. 10. rs^1, rs^2) besitzt 2 Paare Samentaschen, von denen das erste zwischen dem 3. und 4., das zweite Paar zwischen dem 4. und 5. Segment mit der Aussenwelt in Verbindung steht. Die äussere, meist mit einer rosettenartigen Berandung der Hypodermisdrüsen versehene Öffnung, führt in einen resistenten Gang, welcher zuletzt in einen, angeschwollenen, einfachen oder mit Nebentaschen ausgerüsteten Sack übergeht. Dieser liegt auf der oberen Seite des Darmes, mit dem er zugleich mit einer Peritonaealmembran verwachsen ist. Je nach der Länge der Ausführungsgänge liegt der Sack im 5. Segment; nur bei Anachaeta, wo die Gänge äusserst lang sind, erstreckt sich der angeschwollene Theil der Receptacula bis in das 7. Segment hin.

Die Samentaschen wurden bei Enchytraeus zuerst von D'UDEKEM beschrieben und abgebildet, später hat sie CLAPARÈDE bei Pachydrilus entdeckt und als einen Bestandtheil des weiblichen Geschlechtsapparates erkannt. Zuletzt gab RATZEL[5]) einige Angaben über den Bau der Samentaschen und schloss sich der Claparède'schen Deutung an, wonach die Receptacula als metamorphosirte Segmentalorgane aufzufassen sind.

---

[1]) CLAPARÈDE: Recherches sur l'Anat. d. Oligochaetes etc.
[2]) E. HERING: Zur Anat. und Physiologie der Generationsorgane des Regenwurms. Z. f. w. Z. VIII. 1856.
[3]) R. LANKESTER: On the Anatomy of Earthworm. Quarterl. microscop. Journ. 1865.
[4]) VEJDOVSKÝ: Über die Eibildung und die Männchen von Bonellia viridis Rol. Z. f. w. Z. Bd. XXX. 1878 pag. 490.
[5]) RATZEL: Beitr. z. Anat. von Enchytraeus vermicularis l. c. p. 103.

Zur richtigen Würdigung dieser Auffassung halte ich es für nothwendig die aus dem vorigen bekannten anatomischen Verhältnisse der betreffenden Segmente zu wiederholen. Im 3., 4., 5. und 6. Segmente befinden sich bei der Gattung Enchytraeus die Speicheldrüsen, die als modificirte Segmentalorgane aufgefasst wurden. Man findet sowohl bei geschlechtslosen als bei geschlechtsreifen Individuen der Gattung Enchytraeus (ausser E. ventriculosus), dass im 5. Segmente keine Segmentalorgane vorhanden sind, dass sich also aus denselben keine Receptacula entwickeln können. Zu seiner Ansicht wurde RATZEL wohl dadurch verführt, dass er nur die Gattung Enchytraeus (in meinem Sinne) zur Untersuchung nahm. Hätte er aber seinen Enchytraeus Pagenstecheri (meinen Pachydrilus Pageustecheri) untersucht, so wäre er wohl zu dem Resultate gekommen, dass die Segmentalorgane schon im 3., 4., 5., etc. Segment sowohl bei jungen als auch geschlechtsreifen Individuen, im 5. Segment sogar neben den entwickelten Receptacula vorhanden sind. Die Samentaschen stehen also in keiner Beziehung zu den Segmentalorganen. Es erübrigt demnach nur den Entwickelungsgang der Receptacula zu ermitteln und darnach auch ihren histologischen Bau zu erklären.

Die Samentaschen entstehen zwar gleichzeitig mit den übrigen Geschlechtsorganen; als Regel erscheint aber die Thatsache, dass die Eierstöcke in der Entwicklung weiter begriffen sind, während zu derselben Zeit sich die ersten Anfänge der Hoden- und Samentaschenbildung kundgeben. Dies habe ich bei Ench. Buchholzii und Ench. leptodera beobachtet. Bei der erst genannten Art sieht man schon sehr entwickelte, aber noch dotterlose Eier, während zwischen dem 4. und 5. Segment die Bildung von Samentaschen beginnt (Taf. III. Fig. 12. *a*). Es entsteht ein kleines, an der Leibeswand befestigtes Höckerchen, welches in die Leibeshöhle hineinragt. Seine Wandungen sind zwar undeutlich, doch sieht man bei näherer Untersuchung ein enges, inneres Kanälchen, welches sich mit der Cuticula des Leibesschlauches verbindet. Bei fortschreitendem Wachsthum dieses Höckerchens gestaltet sich dasselbe als ein heller, dünner im 5. Segment befindlicher Schlauch (Taf. III. Fig. 12. *b*). Es ist dies in der Zeit, wo die Eier schon Dotter besitzen und die Samentrichter sich mit ihren hellen Wandungen und engen Samenleitern kundgeben (Taf. IV. Fig. 1. *st*). Bei grösseren Arten, wo man die jungen Receptacula auspraepariren kann, wird man gewahr, dass *die Schläuche durch die Einstülpung der Leibeswand in die Leibeshöhle entstehen*. Die den Leibesschlauch zusammensetzenden Schichten wiederholen sich auf den Samentaschen. An den jungen Schläuchen von Ench. ventriculosus (Taf. VI. Fig. 13.) und Ench. puteanus (Taf. XII. Fig. 14.) sieht man folgende Schichten: Die feine innere Röhre (*eu*) wird von einer homogenen, lichtbrechenden Membran ausgekleidet, thatsächlich steht diese auch mit der Aussenwelt in Verbindung, indem sich die Cuticula des Leibesschlauches nach innen eingestülpt hat. Dieses Canälchen, welches sich sonst isoliren lässt, wird von einer einfachen Schichte blasser Zellen umgeben (*ep*), die mit grossen Kernen und lichtbrechenden Kernkörperchen versehen sind. Die Zellen treten namentlich an gefärbten Praeparaten deutlich hervor. Diese Zellenschicht nimmt ihren Ursprung in der Hypodermis des Leibesschlauches, und die Zellen stellen wohl differenzirte eingestülpte Hypodermiszellen dar. Weiter nach hinten sind die Zellen weniger deutlich, als am vorderen Ausführungsgange; dagegen treten deutlich die faserigen Elemente hervor, die als Muskelfasern aufzufassen sind. Die Muskelschicht des Ausführungsganges ist dagegen sehr schwach entwickelt (*m*). Als letzten Bestandtheil der besprochenen Schläuche muss man die äussere zellige Scheide angeben, welche scharf contourirte Kerne besitzt und sich als die Peritonaeumschicht des Leibesschlauches kundgibt (*pt*).

Die hintere Region der Schläuche wächst nun mehr nach hinten, bis das Receptaculum zuletzt dem Darme anliegt und die Peritonaealschicht der Samentaschen mit der des Darmes gänzlich verwächst. Die reichliche Zellenvermehrung verursacht dabei eine Verdickung der hinteren Partie des Schlauches (Taf. VI. Fig. 12.) Die Schichten sind auch hier deutlich: zu äusserst eine Peritonaealschicht, dann die Muskelschicht und schöne polygonale Epithelzellen, und zuletzt cuticulare Auskleidung der inneren Höhle. In diesem Zustande bestehen die Samentaschen nur bei einigen Arten und indem sie sich mit Spermatozoen füllen, erscheinen sie als mächtig angeschwollene Säcke, die mittels längerer oder kürzerer Ausführungsgänge nach aussen münden. Bei Anachaeta reichen sie bis in das 6. oder 7. Segment, während sie bei Ench. adriaticus nur mit unbedeutenden Stielen versehen sind. Bei einigen Arten werden die Gänge mit zahlreichen Drüsen bedeckt, welche wohl modificirte Zellen der Wandungen sind. So bei Ench. humicultor (Taf. V. Fig. 10.), Ench. adriaticus (Taf. XII. Fig. 17.), Pachydrilus Pagenstecheri (Taf. XIV. Fig. 11.).

Die definitive Form der Samentaschen wird wohl nur durch die Spermatozoen veranlasst; dann trifft man längliche, oder zu beiden Seiten gedrückte, oder kugelrunde Höhlungen der Receptacula.

Ganz charakteristisch ist dagegen die Form der Samentaschen bei anderen Arten. Man findet nämlich die Spermatozoen nicht in der angeschwollenen Partie der Receptacula, welche übrigens die Höhlung gänzlich oder theilweise einbüssen. Das Epithel des besprochenen Theiles modificirt sich nämlich zu grossen cylindrischen, mit grobkörnigem Inhalte und grossen Kernen und Kernkörperchen gefüllten Zellen, welche durch ihr Wachsthum die ganze innere Höhlung ausfüllen. Der aufgeschwollene Theil der Samentaschen wird dadurch ganz solid. Am oberen Umfange dieses Theiles entsteht dagegen die Hervortreibung einer Anzahl von blinden Anhängen im Umkreise der Einmündung des Ausführungsganges. Einen Uebergang zu den oben beschriebenen flaschenförmigen Samentaschen bildet Ench. lobifer (Taf. IX. Fig. 7.)

Hier entstehen an dem breiteren Ende der kegelförmigen soliden Tasche abgeplattete, horizontalliegende Ausstülpungen, die untereinander verwachsen sind, und nur durch schwache Einschnitte sich unterscheiden lassen. Diese Lappen bleiben während ihrer ganzen Existenz solid, wie der darunter befindliche drüsige Theil der Samentaschen. Die Spermatozoen werden in einer geräumigen Höhle zwichen dem Ausführungsgange und dem soliden Theile aufbewahrt und gelangen nie in die seitlichen soliden Loben, wie es Ratzel vermuthet.

Bei anderen Arten wachsen die seitlichen Ausstülpungen in die Höhe und erscheinen dann als blinde, walzenförmige, oder eiförmige Taschen mit einem deutlichen Lumen, in dem sich der Same anhäuft. Dadurch gewinnt das blinde Ende eine kopfartige Anschwellung, die einem Stiele aufsitzt. Die Wandungen des eigentlichen Sackes wiederholen sich auch an den Nebentaschen. Das Flimmerepithel, welches RATZEL gesehen zu haben behauptet, existirt nie an den inneren Flächen dieser Organe[1]). Die Samenfäden, welche bei der Begattung in die Nebentaschen gelangen, verfilzen sich zu Ballen und führen selbstständige, rotirende Bewegungen aus.

Die Zahl der Nebentaschen ist im Allgemeinen sehr variirend und für manche Arten constant. So besitzt Ench. Perrieri (Taf. VIII. Fig. 11.) Samentaschen mit 2 gestielten kugelförmigen Nebentaschen; ebenso findet man bei E. Leydigii nur zwei grosse eiförmige Nebentaschen (Taf. IX. Fig. 15.) Dagegen zeichnen sich die Samentaschen von Ench. galba durch 3—5 kugelförmige Nebentaschen aus. (Taf. VII. Fig. 7.) Eine sehr zierliche Form bieten die Samentaschen von Ench. hegemon (Taf. XII. Fig. 4.) Die kleinen gestielten Nebentaschen stehen um die Einmündung des Ausführungsganges in 2 Kreisen, worin man je 15—20 derselben findet.

Aus der voranstehenden Schilderung über den Bau und die Entstehungsweise ergibt sich, dass die Samentaschen in keiner Beziehung zu den Segmentalorganen stehen. Die weiter erzielten Resultate lassen sich in folgenden Sätzen zusammenfassen.

1. Die Samentaschen haben ihre Lage auf der dorsalen Seite des Darmes, während die Segmentalorgane auf der Bauchseite liegen.

2. Die Samentaschen münden in den Intersegmentalfurchen in den Linien der Rückenborsten nach aussen; die Segmentalorgane münden auf der Segmentfläche der Bauchseite vor den ventralen Borstenbündeln.

3. Bezüglich des Baues sind beide Organe ganz verschieden. Die Samentaschen sind aus denselben Schichten gebaut, aus welchen sich der Leibesschlauch zusammensetzt; nur durch die Einstülpung desselben in die Leibeshöhle entstehen die Samentaschen. Die Segmentalorgane bestehen aus wenigen durchbohrten Zellen.

4. Die Samentaschen entwickeln sich in denen, in welchem die Segmentalorgane gleichzeitig entweder unverändert existiren (Pachydrilus), oder sich zu Speicheldrüsen modificiren (Enchytraeus, Anachaeta).

Eine ähnliche Entstehung der Samentaschen, welche sich bei den Enchytraeiden am leichtesten beobachten lässt, findet wahrscheinlich auch bei den übrigen Oligochaeten statt.

Danach muss ich mich entschieden gegen die Ansicht SEMPERS[2]) über die Entwickelung der Samentaschen bei Chaetogaster aussprechen; es heisst bei ihm: „Dieses Organ legt sich ursprünglich als solide Zellgruppe an; diese wird birnförmig und verbindet sich durch einen kurzen Stiel mit der Epidermis; dann höhlt sich der birnförmige Körper aus und zugleich senkt sich von der Bauchseite her eine Grube in den noch soliden Stiel des Organs ein." Wie, und aus welchem Keimblatte sich die „ursprüngliche solide Zellgruppe" anlegt, erfahren wir aus der Mittheilung SEMPER's nichts.

Nach der bei den Enchytraeiden herrschenden Entwickelung der Samentaschen entsteht auch bei Chaetogaster durch die Einstülpung der Leibeswand ein Schlauch, der sich hinten zu einem definitiven birnförmigen Körper aushöhlt.

Dass die Samentaschen von den Segmentalorganen durchaus unabhängig sind, behauptet auch PERRIER[3]) bei seiner Gattung Plutellus und spricht sich in einer anderen Arbeit über Urochaeta gegen die von Claparède angenommene Homologie der Samentaschen mit den Segmentalorganen aus. Bei anderen Oligochaetengattungen wurden die Segmentalorgane zugleich mit den Samentaschen nicht beobachtet, so bei manchen Tubificiden und Lumbriculiden; es scheint aber, dass die Segmentalorgane durch die enorme Entwickelung der Samentaschen verloren gehen. Indess fällt auch die Thatsache ins Gewicht, dass die Samentaschen bei Rhynchelmis Limosella[4]) hinter den Bauchborstenbündeln nach aussen münden, während die Segmentalorgane vor den Bauchborsten mit der Aussenwelt communiciren.

---

[1]) Bei allen Gattungen der Oligochaeten, die ich untersucht habe, erscheinen die Samentaschen ohne Wimperung. Daher habe ich in meiner Arbeit „Ueber Psammoryctes umbellifer etc." Zeitschr. f. wiss. Zool. Bd. XXVII. 1876 einen Fehler begangen, wenn ich den Ausführungsgang der Samentaschen als einen mit Wimpern ausgestatteten Kanal beschrieben habe. Durch spätere Untersuchungen bin ich zur Erkenntniss gelangt, dass die Wandungen dieses Kanals ohne Wimpern sind, und dass die, als Wimpern angegebenen Elemente nichts anderes als lebhaft bewegende Spermatozoen darstellen.

[2]) SEMPER: Beitr. z. Biologie d. Oligochaeten; Arb. aus d. zool. Instit. in Würzburg IV. pag. 91.
[3]) PERRIER: Étude sur un genre nouveau de lombriciens. Archiv zool. expér. et génér. II. Tom. L c. pag. 519.
[4]) l. c. pag. 351. Taf. XXIII. Fig. 1., 3.

Die Samentaschen der Enchytraeiden wurden zuerst von D'UDEKEM beobachtet, welcher sie zwischen das 5. und 8. Segment legt und dieselben „glandes Capsulogènes" nennt. CLAPARÈDE beschrieb diese Organe in ihrer richtigen physiologischen Würdigung bei manchen Pachydrilusarten. BUCHHOLZ berührt die Samentaschen nur sehr oberflächlich. RATZEL gab eine schöne Darstellung der Entwickelung der Samentaschen bei Ench. vermicularis, woraus ersichtlich ist, dass er meine Arten Ench. ventriculosus, Ench. humicultor, lobifer und galba vor sich hatte. Später nahm er die Receptacula als ein Unterscheidungsmerkmal der Arten und beschrieb sie bei seinem Ench. Pagenstecheri und Ench. galba.

Zusammenstellung der gewonnenen Ergebnisse.

1. In der Hypodermis von Anachaeta modificiren sich bestimmte Zellen, — neben den gewöhnlichen einzelligen Drüsen, — zu den sog. Intersegmental- und Chlorophylldrüsen.

2. Der Gürtel der geschlechtlich entwickelten Thiere bildet sich nur auf Kosten der Hypodermiszellen am 12. und an der vorderen Hälfte des 13. Segmentes. Die „Intercellulardrüsen" Claparède's sind als modificirte einzellige Hypodermisdrüsen aufzufassen.

3. Die von Ratzel als Ganglienpaare des Schlundnervensystems gedeuteten Gebilde im 4., 5., 6. und 7. Segment stellen eigenthümliche Septaldrüsen dar, die in keinem Zusammenhange mit den Schlundkommissuren stehen.

4. Die typischen, in der Leibeshöhle flottirenden Wanderzellen sind als Ernährungszellen der Leibeshöhle und als Abkömmlinge der ursprünglichen Mesodermzellen aufzufassen.

5. Die Leibeshöhle communicirt mit der Aussenwelt durch den Kopfporus, welcher sich bei Enchytraeus und Pachydrilus auf der Rückenseite zwischen dem Kopf- und Mundlappen, bei Anachaeta auf dem vordersten Pole des Kopflappens vorfindet.

6. Die Entstehungsstelle der Borsten liegt in der Hypodermis. Die Borsten in einzelnen Bündeln entstehen entweder gleichzeitig (gleich lange Borsten), oder entwickeln sich die mittleren (kürzeren als die seitlichen) erst später. Bei Anachaeta reduciren sich die Borsten auf mächtig entwickelte, einzellige Hypodermisdrüsen.

7. In der Centrallinie der Bauchseite entsteht durch die Verdickung des Ectoderms und Bildung des Bauchstranges eine Unterbrechung der Muskelschichten — die sog. Bauchlinie. Die abgelösten Muskelfasern der Quermuskelschicht inseriren sich in zwei Paaren auf das Neurilemm des Bauchstranges.

8. Das Schlundnervensystem der Enchytraeiden verhält sich gleich dem der übrigen Oligochaeten.

9. Der Oesophagus besitzt einen, durch die Verdickung des Entoderms entstandenen, beweglichen Bulbus. Die für die Gattungen Enchytraeus und Anachaeta charakteristischen Speicheldrüsen entstehen durch Verwachsung der in einigen vorderen (5—6) Segmenten befindlichen Segmentalorgane. Pachydrilus entbehrt der Speicheldrüsen.

10. Beim Übergang der Speiseröhre in den Magendarm findet man bei Ench. leptodera ein Paar thatsächlicher Leber, die sich bei Ench. ventriculosus auf diese Verdickung des Entoderms beschränkt.

11. Das Bauchgefäss ist im ganzen Verlaufe des Körpers vorhanden und communicirt durch 3 Paar Seitengefässschlingen mit dem Rückengefäss, das nur in bestimmten Segmenten des vorderen Körpertheiles zum Vorschein kommt. Weiter nach hinten modificirt sich das Rückengefäss zu einem, in den Darmwandungen eingeschlossenen Blutsinus, der die peristaltischen Bewegungen des Magendarms ausübt. Bei Ench. appendiculatus entsteht während des Überganges des Blutsinus in das Rückengefäss ein Gefässnetz — der sog. Darmdivertikel (Buchholz).

12. Die Enchytraeiden entbehren der bei Lumbricus, Criodrilus und Tubifex vorkommenden Blutkörperchen. Das Blut von Anachaeta und Enchytraeus ist farblos, das von Pachydrilus ockergelb oder roth.

13. Die Segmentalorgane der Enchytraeiden bestehen aus wenigen durchbohrten Zellen, und bilden ein mächtiges Antiseptale, welches in das Postseptale und den Ausführungsgang übergeht. Bei Pachydrilus beginnen die Segmentalorgane bereits im 3. Segment, während sie bei Anachaeta im 6., bei Enchytraeus im 7. Segment ihren Anfang haben.

14. Sowohl die männlichen als auch die weiblichen Geschlechtsstoffe entstehen aus dem Mesoderm in paariger Anordnung, die Hoden im 10. und 11. Segment als amorphe (Anachaeta, Enchytraeus), oder birnförmige (Pachydrilus) Gebilde. Die Eierstöcke am Dissepimente zwischen dem 11. und 12. Segment.

15. Die Samenleiter entstehen als solide, die künftigen Samentrichter darstellenden Zellgruppen, die in keiner Beziehung zu den Segmentalorganen stehen. Die Samenleiter scheinen auch bei übrigen Oligochaeten mit den Segmentalorganen nicht homolog zu sein.

16. Als Eileiter fungiren zwei zu beiden Seiten des Körpers zwischen dem 12. und 13. Segment liegende und nur temporär erscheinende Öffnungen, die auch (bei E. galba) zwischen dem 13/14., 14/15. und 15/16. Segment vorkommen. Die Homologie der Eileiter mit den Segmentalorganen ist somit bei den Enchytraeiden nicht annehmbar.

17. Die Samentaschen münden zwischen dem 4. und 5. Segment nach aussen und entwickeln sich — unabhängig von den Segmentalorganen — durch die Einstülpung des Leibesschlauches in die Leibeshöhle des 5. Segments.

II. Specieller Theil.

I. Systematische Uebersicht.[1]

A. Familia: Enchytraeidae.

Kleine, runde Limicolen, mit harter und resistenter Körperbedeckung, weiss oder weisslich. — Mit 4 Reihen nicht gegabelter, gerader oder hakenförmig gebogener Borsten in Gruppen zu 2--10, die sich nur selten auf mächtig entwickelte Zellen reduciren. — Das Rückengefäss nur in der vorderen Körperpartie vorhanden; in den mittleren und hinteren Theilen modificirt es sich zu einem Darmblutsinus. Das Bauchgefäss im ganzen Verlaufe des Körpers vorhanden und durch 3 Seitengefässe in vorderen Segmenten mit dem Rückengefässe in Verbindung. — Das Gehirn ohne centrale Commissur, elliptisch, hinten entweder rundlich, oder abgestutzt, oder ausgeschnitten. — Im Oesophagus ein beweglicher Bulbus. — Die Segmentalorgane des 3—6. Segmentes verwachsen in meisten Fällen zu Speicheldrüsen. — Die Hoden im 10. und 11. Segment. — Die Samenleiter lang, mit mächtig entwickelten drüsigen Samentrichtern, am 12. Segmente ausmündend. — Die Eierstöcke am Dissepimente zwischen dem 11. und 12. Segmente. — Der Gürtel nimmt das 12. und die vordere Hälfte des 13. Segmentes in Anspruch. — Die als Eileiter fungirenden Öffnungen in einem Paare zwischen dem 12. und 13., Receptacula seminis zwischen dem 4. und 5. Segmente in den oberen Borstenreihen nach Aussen mündend.

Die Enchytraeiden bewohnen trockene und feuchte Erde, süsses und salziges Wasser, Sümpfe und morsches Holz.

B. Gattungen.

Borsten stark hakenförmig gebogen. Blut ockergelb, oder roth. Porus cephalicus zwischen dem Kopf- und Mundlappen in der Mittellinie des Rückens. Die Segmentalorgane in allen Segmenten vorhanden, vom dritten anfangend. — Hoden in büschelförmigen Gruppen, gestielt.   I. *Pachydrilus Clap.*

Borsten gerade, selten am freien Ende schwach gebogen, in Gruppen zu 2—10 vorhanden. Blut farblos. — Porus cephalicus zwischen dem Kopf- und Mundlappen in der Mittellinie des Rückens. — Die Segmentalorgane im 3—6. Segment verwachsen, die Natur der Speicheldrüsen annehmend. — Rückenporen fehlen nur in den vorderen Segmenten. — Hoden amorph.   II. *Enchytraeus Henle.*

Borsten durch grosse, in die Leibeshöhle hineinragende, einzeln stehende Drüsenzellen vertreten. Blut farblos. Porus cephalicus am vordersten Ende des Kopflappens. Die Rückenporen fehlen. Die Segmentalorgane modificiren sich im 3—5. Segmente zu Speicheldrüsen. Hodenschläuche amorph.   III. *Anachaeta Vejd.*

C. Arten.

I. Pachydrilus Claparède.

Borsten in Gruppen zu 2—3. Gehirn hinten abgerundet, mit 2 seitlichen Lappen. Segmentalorgane mit winzigem Antiseptale und mächtig angeschwollenem Postseptale.   1. *Pach. fossor Vejd.*

---

[1] Zu den Arbeiten über die Fauna der Enchytraeiden gehört auch EISENS: Om nägra arktiska Oligochaetes, in Öfversigt af kongl. Vetensk. Akad. Förhandl. 1872 Nro. 1. pag. 119—124. — Eisen beschreibt hier nur 2 Arten, nämlich Ench. Pagenstecheri von Gronland, und Ench. Ratzeli Eisen von Tromsö.

Borsten in Gruppen zu 3—4. Gehirn hinten ausgeschnitten. Segmentalorgane mit kurzem trichterförmigem Antiseptale und sehr langem Ausführungsgange.
2. *Pach. sphagnetorum Vejd.*

Borsten zu 3—4. Gehirn kurz, mit einem Ausschnitte am hinteren Rande. Segmentalorgane mit kleinem Trichter und kurzem, dickem Ausführungsgange. Receptacula kugelrund und mit zahlreichen Drüsen auf den Wandungen des Ausführungsganges.
3. *Pach. Pagenstecheri Ratzel.*

II. Enchytraeus Henle.

a) Gehirn hinten abgestutzt, vorn tief ausgeschnitten (Mesenchytraeus Eisen).

Borsten in Gruppen zu 3—4, leicht gekrümmt. Speicheldrüsen lappenförmig. Das Anti- und Postseptale der Segmentalorgane oval. Das Rückengefäss entsteht aus einem gefässreichen paarigen Darmdivertikel im 7. Segment.
1. *Ench. appendiculatus Buchholz.*

b) Gehirn hinten ausgeschnitten (Archenchytraeus Eisen).

Borsten gerade, in Gruppen zu 5—9. Das Gehirn mit einer centralen Furche. Das Rückengefäss mit einem durch die Dissepimente eingeschnürten, pulsirenden Herzen im 6., 7. und 8. Segment. Das Antiseptale der Segmentalorgane braun pigmentirt, das Postseptale mächtig angeschwollen, der Ausführungsgang sehr lang. Zwei Paar schlauchförmiger Samentaschen, die zwischen dem 3. und 4., dann zwischen dem 4. und 5. Segment nach aussen münden.
2. *Ench. puteanus Vejd.*

Borsten gerade oder sehr schwach gebogen, in Gruppen zu 4—9, gleich lang. Das Antiseptale lang und dünn, das Postseptale mit dem Ausführungsgange wie bei der vorigen Art. Receptacula seminis in leerem Zustande schlauchförmig, mit Spermatozoen gefüllt flaschenförmig aufgeschwollen. Darmkanal mit leberartiger Anschwellung im 8. Segment. Speicheldrüsen undeutlich.
3. *Ench. ventriculosus D'Udek.*

Borsten gerade, gleich lang, in Gruppen zu 4—6. Gehirn vorn schwach abgerundet. Speicheldrüsen mächtig entwickelt, mit dicken Ausführungsgängen, unverästelt. Der Darm mit 2 Leberdrüsen im 7. Segment. Das Antiseptale der Segmentalorgane mit einem kleinen Trichter, das Postseptale mächtig angeschwollen mit einem langen Ausführungsgang hinter dem Dissepimente. Receptacula seminis wie bei voriger Art. Samentrichter kelchförmig.
4. *Ench. leptodera Vejd.*

Borsten gerade, in Gruppen zu 2—3 (selten 4). Speicheldrüsen sehr deutlich, mächtig gewunden, mit breitem Ausführungsgange. Der Darmkanal mit kolosalen lichtbrechenden Drüsen bedeckt. Segmentalorgane mit langem und dünnem Antiseptale, mit langem oder kurzem Ausführungsgange. Samentaschen im jungen Zustande fadenförmig, im reifen Zustande mächtig angeschwollen und mit Spermatozoen gefüllt. Samentrichter tonnenförmig, drüsig.
5. *Ench. Buchholzii Vejd.*

Borsten in Gruppen zu 4—5, gleich lang. Das Gehirn fast quadratförmig, mit sehr schwacher Einstülpung am hinteren Rande. Das Antiseptale der Segmentalorgane reducirt sich auf einen durchscheinenden Wimpertrichter, der Ausführungsgang sehr breit. Speicheldrüsen nicht verästelt vielfach gewunden, nach hinten sich verjüngend. Die Samentrichter nehmen die ganze Länge des 11. Segmentes in Anspruch, die Samenleiter erstrecken sich bis zum 17. Segment. Receptacula seminis länglich beutelförmig, mit einem langen, drüsigen Ausführungsgange.
6. *E. humicultor Vejd.*

Borsten in Gruppen wie bei E. Perrieri. Gehirn hinten schwach ausgehöhlt, vorn mit einem abgerundeten Vorsprunge. Speicheldrüsen mit zahlreichen Verästelungen. Segmentalorgane mit einem braungefärbten Antiseptale und langem Ausführungsgange. Receptacula seminis mit vielen gelappten und soliden Ausbuchtungen.
7. *E. lobifer Vejd.*

c) Gehirn hinten abgerundet (Neoenchytraeus Eisen).

α) Receptacula seminis ohne Nebentaschen.

Borsten gerade, in Gruppen zu 3. Der Darmkanal mit kleinen, zierlichen, gestielten Drüsen bedeckt. Das Antiseptale allmälig in das Postseptale übergehend, drüsig. Samentrichter unbedeutend, Samenleiter spärlich spiralig gewunden. Samentaschen kugelrund, mit kleinen Drüsen rings um die äussere Öffnung.
8. *E. adriaticus Vejd.*

β) Receptacula seminis mit Nebentaschen.

Borsten in Gruppen zu 4—6, von welchen die inneren stets kürzer sind als die äusseren. Die Speicheldrüsen im 5. und 6. Segment büschelförmig verästelt. Das Antiseptale geht ununterbrochen in das Postseptale der Segmentalorgane über, das letztere mit einem dünnen Ausführungsgange. Receptacula seminis mit zwei kugelförmig angeschwollenen Nebentaschen.
9. *E. Perrieri Vejd.*

Borsten in Gruppen zu zwei bis vier, keilförmig. Speicheldrüsen sehr breit, dichotomisch sich verästelnd, in einen verdickten Ansführungsgang ausmündend. Das Antiseptale braun pigmentirt, das Postseptale lang gestreckt, allmälig in einen langen Ausführungsgang übergehend. Samenleiter sehr lang und dünn. Receptacula seminis mit zwei keilförmig angeschwollenen Nebentaschen. 10. *E. Leydigii Vejd.*

Borsten wie bei voriger Ench. Perrieri. Speicheldrüsen sehr lang, dichotomisch verästelt mit erweitertem Ausführungsende. Segmentalorgane mit einem elliptischen Antiseptale und dünnem Ausführungsgange. Receptacula mit 3—5 gestielten, am freien Ende kugelförmig angeschwollenen Nebentaschen. 11. *E. galba Hoffmeister.*

Borsten wie bei E. Perrieri und lobifer. Speicheldrüsen mächtig entwickelt mit zahlreichen Verästelungen des zweiten, selbst dritten Grades. Gehirn breit, elliptische Segmentalorgane mit einem breiten Trichter. Receptacula zierlich mit 2 Reihen dicht-neben einander sitzenden, gestielten Nebentaschen. 12. *E. hegemon Vejd.*

III. Anachaeta Vejdovský.

Gehirn hinten abgerundet, vorn mit einem dreieckigen Vorsprung. Das Anti- und Postseptale der Segmentalorgane mächtig angeschwollen. Zwei Längsherzen des Rückengefässes im 5. und 6. Segmente. Receptacula seminis beutelförmig ohne Nebentaschen. Samentrichter sehr lang, Samenleiter spiralig gewunden.
1. *Anachaeta Eisenii Vejd.*

II. Beschreibung der einzelnen Arten.

A. Genus. Pachydrilus Claparède 1862.

1. Pachydrilus fossor Vejd.

(Taf. XIII. Fig. 7—10.)

1877. *Pachydrilus fossor Vejdovský*: Z. Anat. u. Syst. d. Enchytraeiden. Sitzungsber. d. kön. böhm. Gesellsch. d. Wiss. in Prag.

Ueber diese, sowie über die nachfolgende Art habe ich nur unvollkommne Untersuchungen vorgenommen, da sämmtliche Exemplare derselben nicht geschlechtsreif waren.

Pachydrilus fossor erreicht über 1 Cm. Länge und 0·4—0·5 Mm. Breite. Zahl der Segmente 46—50. Der Kopflappen stumpf abgerundet, mit äusserst zahlreichen Hautdrüsen bedeckt (Taf. XIII. Fig. 7.) Die Borsten (Taf. XIII. Fig. 8.) sind stark hakenförmig gebogen, auf der Rückenseite in Gruppen zu 2, auf der Bauchseite zu 3 vorhanden. Der Darm fängt im 5. Segment an. Das Blut ist ockergelb. Das Gehirn verlängert (Taf. XIII. Fig. 9.), hinten abgerundet, zu beiden Seiten mit stumpfen Höckern versehen und verjüngt sich nach vorn. Segmentalorgane mit einem winzig kleinen Antiseptale und einem kurzen Ausführungsgange (Taf. XIII. Fig. 10.)

Die übrigen Verhältnisse sind mir unbekannt geblieben.

Pachydrilus fossor lebt in Tümpeln an Wasserpflanzen in Gesellschaft mit Lumbriculus variegatus. Ich habe ihn im April 1876 im nicht geschlechtlichen Zustande bei Turnau gesammelt.

2. Pachydrilus sphagnetorum Vejd.

(Taf. XIII. Fig. 1—6.)

1877. *Pachydrilus sphagnetorum Vejdovský*: Z. Anat. und System. d. Enchytraeiden.

Diese Art erreicht 1—1·5 Cm. Länge, und zählt 45—50 Segmente. Der Kopflappen ebenfalls mit zahlreichen Hautdrüsen bedeckt. Borsten zu drei in den Rückenbündeln, zu je 4 in den Bauchgruppen; dieselben sind Sförmig, ähnlich den von Phreatothrix und der vorigen Art (Taf. XIII. Fig. 6.) Der Darm und die Speiseröhre mit ovalen, braunen Drüsen bedeckt. Jede Drüse zeichnet sich durch einen Kern und längliches Kernkörperchen aus (Taf. XIII. Fig. 3.)

Das Rückengefäss bildet keine herzartigen Anschwellungen; es zieht nach vorne sich verjüngend und anastomirt durch sehr dünne und undeutliche Seitengefässschlingen mit dem Bauchgefässe (Taf. XIII. Fig. 2. *rg*). Vier Paar von Septaldrüsen vorhanden, von welchen die des ersten Paares (Taf. XIII. Fig. 2. sd^1, sd^2, sd^3, sd^4) im 3. Segment die kleinsten sind. Dieselben stellen glänzende, aus grossen keilförmigen Zellen bestehende Körper dar, die mit einer deutlichen Peritonaealschicht umgeben sind und auf der Bauchseite zwischen einander durch faserige Züge in Verbindung stehen. Die Segmentalorgane (Taf. XIII. Fig. 4.) fangen mit einem schlanken trichterartigen Antiseptale an und gehen in ein breites Postseptale über, von welchem dicht hinter dem Dissepimente ein langer Ausführungsgang abgeht. Das Gehirn länglich, hinten tief ausgeschnitten, vorn 2 Nervenäste in den Kopflappen entsendend (Taf. XIII. Fig. 1. g). Der Bauchstrang mit länglichen Ganglienanschwellungen. Ueber die Geschlechtsorgane habe ich keine Beobachtungen angestellt.

Pachydrilus sphagnetorum lebt in grosser Menge in den Torfmooren bei Hirschberg, wo er von dem Herrn Assistenten Sitenský im Juni 1877 gesammelt wurde. Sämmtliche von mir untersuchte Exemplare waren nicht geschlechtsreif; vielleicht entwickeln sich die Geschlechtsproducte im späteren Sommer oder im Winter.

3. Pachydrilus Pagenstecheri Ratzel spec.
(Taf. XIV. 1—12.)

1868. *Enchytraeus Pagenstecheri Ratzel*: Beitr. z. anat. und system. Kennt. d. Oligochaeten.
1872. *Enchytraeus Pagenstecheri, Eisen*: Om några Arktiska Oligochaeten. — Öfversigt af k. vetensk. Akad. Förhandl. 1872. Nro. 1. pag. 122.

Dieses ist die Art, an der ich die Gattungscharaktere der Pachydrilen untersuchen konnte. Der Körper ist 1·5—2 Cm. lang, 1 Mm. breit, und besteht aus 55—60 Segmenten. Die ganze Oberfläche des Wurmes ist in Folge der durchschimmernden Gefässe opak, bräunlich oder röthlich. Der Kopflappen ist stumpf dreiseitig (Taf. XIV. Fig. 2.), ganz deutlich vom Mundlappen abgesetzt; zwischen beiden findet man auf der Rückenseite einen kreisförmigen kleinen Porus cephalicus (Taf. XIV. Fig. 1. a). Die Borsten stark hackenförmig, in variabler Zahl vorhanden, die Rückenbündel bestehen nämlich aus 3—5, die Bauchbündel aus 7—10 gelben starken Borsten (Taf. XIV. Fig. 3.); alle sind gleich lang. Die Hypodermisdrüsen zahlreich (Taf. XIV. Fig. 4. hp), das Gehirn fast vierkantig, vorn und hinten ausgeschnitten (Taf. XII. Fig. 1. g). Das Suboesophagealganglion rundlich, gross, die nachfolgenden Ganglien durch kleine Anschwellungen von einander getrennt (Taf. XIV. Fig. 2. sbg. ing). Von den Speicheldrüsen keine Spur. Dagegen existiren die Segmentalorgane bereits im 3. Segmente, wo sie allerdings nur verkümmert, als bläschenförmige Organe vorkommen (Taf. XIV. Fig. 8.). In allen nachfolgenden Segmenten, selbst das Samentaschensegment nicht ausgenommen, erscheinen die Segmentalorgane in folgender Form: Das Antiseptale gestaltet sich als ein winziger, durchsichtiger Trichter, welcher in ein breites Postseptale übergeht; dieses mündet durch einen dicken Ausführungsgang nach aussen (Taf. XIV. Fig. 7.). Die Wanderzellen sind schmal, lanzettförmig, mit zahlreichen Fettkörnchen (Taf. XIV. Fig. 5.) Das Blut ist gelblich roth, nicht selten lebhaft roth, wie bei irgend einem Tubificiden. Das Rückengefäss beginnt ohne herzartige Anschwellungen zu bilden, im 14. Körpersegmente und entsendet im 5., 4 und 3. Segment drei ungleich dicke, mit den Seitengefässen anastomosirende Seitengefässschlingen, von welchen die des 3. Segmentes die dickste ist (Taf. XIV. Fig. 6.).

Die Spermatozoen entwickeln sich in besonderen birnförmigen Bläschen, die an der vorderen Fläche des Dissepimentes zwischen dem 11. und 12. Segmente in büschelförmigen Gruppen befestigt sind. Die Anzahl dieser Bläschen, so wie ihre Grösse ist verschieden (Taf. VIV. Fig. 9.). Die reifen Spermatozoen verlassen durch Dehiscenz die Bläschen, gelangen in einen mächtigen Samentrichter und werden durch das Flimmerepithel eines langgewundenen und mit einer mächtigen Prostatadrüse ausgerüsteten Samenleiters nach aussen befördert. Die Prostatadrüse ist der bei Ench. Buchholzii ähnlich. Die Eierstöcke (Taf. XIV. Fig. 10.) stellen zahlreiche traubenförmige Eizellengruppen dar, die lange Zeit an der hinteren Fläche des 11. und 12. Segmentes befestigt sind. Sie zerfallen nicht auf einmal in einzelne Eizellengruppen, sondern es entwickeln sich die Eier nach und nach, indem die reifen in die Leibeshöhle hineinfallen. Receptacula seminis (Taf. XIV. Fig. 11.) bestehen aus einer dickwandigen, kugelförmigen Aushöhlung, in welcher die Spermatozoen aufbewahrt werden, und aus einem langen, mit grossen hellen Drüsen bedeckten Ausführungsgange. Die äussere Mündung ist von grossen Hypodermisdrüsen in rosettenförmiger Anordnung umgeben (Taf. XIV. Fig. 11. a).

Pachydrilus Pagenstecheri ist jedenfalls identisch mit Ench. Pagenstecheri, welcher von RATZEL in ungenügender Weise beschrieben worden ist. Was den Aufenthaltsort betrifft, so habe ich diese Art in grosser Anzahl in ammoniakhaltigen Localitäten unter Steinen gefunden und durch den ganzen Sommer im geschlechtsreifen Zustande untersucht (Kaufim).

B. Genus Enchytraeus Henle 1837.

1. Enchytraeus appendiculatus Buchholz.
(Taf. II. Fig. 5—10.)

1862. *Enchytraeus appendiculatus Buchholz:* Beitr. z. Anat. d. Gattung Enchytraeus etc.
1877.   „   *pellucidus Vejdovský:* Z. Anat. und System. d. Enchytraeiden.

Die Länge der von mir beobachteten, nicht geschlechtsreifen Exemplare misst 8—10 Mm., Dickendurchmesser 0·5 Mm. Das Thier ist sehr beweglich, der Körper durchscheinend. Zahl der Segmente 30—35, Hypodermis mit spärlichen Drüsen, welche auf jedem Segmente in ringförmiger Anordnung vorhanden sind. Borsten in Gruppen zu 3—4, leicht hakenförmig gekrümmt (Taf. II. Fig. 5.), gleich lang. Das Gehirn ist hinten abgestutzt (Taf. II. Fig. 9. *gc*), vorn tief ausgeschnitten, die Schlundcommissuren mit 2 Ästen, die in den Kopflappen auslaufen.

Die Speiseröhre und der Magendarm sind mit feinkörniger, brauner Masse bedeckt (Taf. II. Fig. 8. *d*). Die Septaldrüsen befinden sich gewöhnlich auf der Rückenseite der Speiseröhre und umgeben dann dieselbe zur Bauchseite hin (Taf. II. Fig. 6. sd^1, sd^2, sd^3, sd^4; Fig. 8. sd^3, sd^4). Die Speicheldrüsen (Taf. II. Fig. 6. *spd*) sind gelappt, mit kurzen Ausführungsgängen in den vorderen Theil der Speiseröhre im 4. Segment. Das Rückengefäss entspringt aus dem Darmblutsinus im 7. Segment; an dieser Stelle findet man nämlich zahlreiche dünne Gefässchen (Taf. II. Fig. 8. *c*), welche durch eine drüsige Masse zusammenhalten und nach vorne sich zu einem lebhaft pulsirenden Rückengefäss vereinigen (*rg*). So entsteht der von Buchholz beschriebene Darmdivertikel.

Die Segmentalorgane (Taf. II. Fig. 7.) bestehen aus einem kurzen, elliptischen Antiseptale und einem länglichen Postseptale, welches allmälig in einen Ausführungsgang übergeht.

Wanderzellen gibt es von zweierlei Art, grössere und kleinere, sie sind elliptisch, durchsichtig (Taf. II. Fig. 10. *a*, *b*).

Über die Geschlechtsorgane habe ich keine Beobachtungen angestellt.

Diese kleine Art fand ich ziemlich zahlreich in feuchter Gartenerde und im Moos in Gesellschaft mit Anachaeta Eiseni und Enchytraeus Perrieri.

Bemerkung. Es kann keinem Zweifel unterliegen, dass diese von mir beobachtete Art mit Buchholzs Ench. appendiculatus identisch ist. Nur einige Angaben des genannten Forschers stimmen nicht mit den meinigen überein. Buchholz zeichnet nämlich die Speicheldrüsen vielfach gewunden, was bei der von mir untersuchten Art niemals vorkommt. Indess scheint es, dass Buchholz auch den E. Buchholzii vor sich hatte; die Speicheldrüsen dieser Art stimmen gänzlich mit der Abbildung dieses Forschers überein.

Auffallender ist aber die Angabe von BUCHHOLZ, dem geschlechtsreife Exemplare von E. appendiculatus zu Gebote standen, dass der Gürtel am 8. Segmente sich entwickelt und dass demnach die Samenleiter an diesem Segmente nach aussen münden. Dagegen sollen die Receptacula seminis wie bei anderen Arten im 5. Segmente liegen und zwischen dem 4. und 5. Segment nach aussen münden.

Die erste Angabe, nämlich die über die Lage des Gürtels, wird sich jedenfalls bestätigen müssen.

2. Ench. puteanus Vejd.
(Taf. XII. Fig. 6—12.)

1877. *Ench. puteanus Vejdovský:* Z. Anat. u. Syst. d. Enchytraeiden.

Die Länge dieser Art beträgt 1·5 Cm., die Zahl der Segmente 19—20. Der Kopflappen klein, zugespitzt. Borsten an der Bauchseite zu 8—10, an der Rückenseite zu 5—7; sie sind gerade, stumpf, von gleicher Länge (Taf. XII. Fig. 7.). Das Gehirn vorn tief ausgeschnitten, hinten schwach eingestülpt, mit einer seichten Furche auf der Rückenfläche (Taf. XII. Fig. 6.). Das Neurilem bildet hinten eine buckelartige Verdickung. Das Rückengefäss ist im 7., 8. und 9. Segment mit 3 herzartigen Anschwellungen versehen, welche durch die Dissepimente eingeschnürt, lebhafte Pulsationen ausüben (Taf. XII. Fig. 8.). Die ganze Oberfläche dieses Organs ist mit denselben contractilen Zellen bedeckt, wie sie an ähnlichen Gebilden bei Anachaeta vorkommen. Durch die durchsichtige Hautbedeckung treten deutlich die Segmentalorgane (Taf. XII. Fig. 9.) hervor. Der antiseptale Theil derselben hinter der trichterförmigen Öffnung braun pigmentirt, das Postseptale mächtig angeschwollen und mit einem langen, gewundenen Ausführungsgang versehen.

Charakteristisch sind für diese Art 2 Paare von Samentaschen, welche zwischen dem 3. und 4., dann zwischen dem 4. und 5. Segment (Taf. XII. Fig. 10. rs^1, rs^2) nach aussen münden. Ich habe dieselben in leerem Zustande beobachtet; sie erscheinen als blinde, sich nach hinten verjüngende, durch das Peritonaeum an der Darmwand befestigte Schläuche. Eizellenklumpen flottiren in grosser Anzahl in der Leibeshöhle des 11., 12. und 13. Segmentes.

Das Vorhandensein von zwei Paaren der Samentaschen bei E. puteanus ist insofern auffallend, da dieser Fall nur bei dieser Art vorkommt. Indess darf man darin kein generisches Merkmal suchen, da dasselbe Verhältniss auch bei anderen Oligochaeten stattfindet. So kommen bei Perichaeta Houletti 3, bei P. cingulata, posthuma und affinis 4, bei anderen Perichaeta-Arten nur 2 Paar Samentaschen vor.[1])

Einige Exemplare dieser Art wurden mir 1876 im September von meinem Freunde H. Uličný aus Bedihost in Mähren zugeschickt, wo sie aus einem Brunnen herausgeschöpft worden waren. In Böhmen kam mir E. puteanus bisher nicht zu Gesicht.

3. Ench. ventriculosus D'Udekem.

(Taf. VI.)

1854. *Ench. ventriculosus D'Udekem*: Descript. d'une nouvelle espèce d'Enchytraeus. In Bull. Acad. Belg.
1863. *Ench. ventriculosus Buchholz*: l. c. pag. 97.
1862. *Ench. ventriculosus Leydig*: Über das Nervensyst. d. Anneliden. Müll. Arch. 1862. p. 90—134.
1864. *Ench. latus Leydig*: Vom Bau d. thier. Körpers. Bd. I. 1. Hälfte.
— *Ench. latus Leydig*: Tafeln z. vergl. Anatomie I. Heft, Taf. IV. Fig. 2.
1868. *Ench. vermicularis Ratzel*: Beitr. z. Anat. von Ench. vermicularis.
— *Ench. latus Ratzel*: Beitr. z. anat. und system. Kenntn. d. Oligochaeten. Z. w. Z. Bd. XVIII. pag. 588.
1877. *Ench. ventriculosus Vejdovský*: Z. Anat. u. System. d. Enchytraeiden.

Die gewöhnliche Länge dieser Art beträgt 1·5 Cm., die Zahl der Segmente 37—47. Der Kopflappen stumpf, rundlich, die Segmente verlängert. Die Körperbedeckung gelblich, an den im Wasser lebenden Thieren durchsichtig, an erdbewohnenden Würmern trübe, wenig durchscheinend. Borsten stark, entweder ganz gerade oder wenig gekrümmt (Taf. VI. Fig. 2., 3., 4.), in Gruppen zu 5—9, gleich lang. Der Darmkanal im 8. Segment mit einer leberartigen Verdickung der Darmwandungen (Taf. VI. Fig. 8. *ldr*), und braunen Drüsen an seinem ganzen Verlaufe. Speicheldrüsen winzig klein. Die im 4. Segment beginnenden Segmentalorgane besitzen ein langes trichterförmig sich öffnendes Antiseptale (Taf. VI. Fig. 7.) und ein mächtig entwickeltes Postseptale, aus welchem dicht vor dem Dissepimente ein enger Ausführungsgang abgeht. Das Rückengefäss (Taf. VI. Fig. 8. c^1, c^2, c^3) kommt zwischen dem 9. und 10. Segmente an der Darmwand zum Vorschein und bildet im 9., 8. und 7. Segmente stark pulsirende herzartige Anschwellungen. Das Rückengefäss steht mit dem Bauchgefässe durch drei lange Seitengefässe in den vorderen Segmenten in Verbindung (Taf. VI. Fig. 6). Die Wanderzellen in der Leibesflüssigkeit sind sämmtlich gleich, elliptisch (Taf. VI. Fig. 5).

Die Hypodermisdrüsen am Gürtel bilden unregelmässig geformte Alveolen, die mit einer grobkörnigen Substanz gefüllt sind. Zwischen den einzelnen Drüsen liegen deutliche Kerne und Kerokörperchen (Taf. VI. Fig. 9., 10). Die Eierstöcke haften während der ganzen Eientwickelung am Dissepimente und nehmen die ganze Leibeshöhle des Gürtels in Anspruch. Dadurch gelangen die Drüsen des Darmkanals nicht zur Entwickelung und so erscheint dieser Theil des Darmes eingeschnürt. Die Samentaschen (Taf. VI. Fig. 13.) im leeren Zustande sind als einfache Schläuche wahrzunehmen. Im entwickelten Zustande schwillt der hintere Theil derselben zu einem zelligen Sacke an (Taf. VI. Fig. 12.), welcher mittels eines geringelten Ausführungsganges nach aussen mündet. Der Samentrichter ist kurz, durchscheinend, zweilappig, gewöhnlich mit schwärzlichen Spermatozoen gefüllt (Taf. VI. Fig. 11). Der Samenleiter sehr lang und breiter als bei den vorigen Arten, an seiner Ausmündungsstelle mit einer grossen Prostatadrüse (*pr*) ausgerüstet.

Enchytraeus ventriculosus lebt sowohl in feuchter Erde, als auch im Wasser, im feuchten Sande und Moose. Nach den Beobachtungen von BUCHHOLZ, D'UDEKEM, LEYDIG und RATZEL scheint er überall in Europa verbreitet zu sein.

4. Ench. leptodera Vejd.

(Taf. X. — Taf. XIII. Fig. 15—17.)

Diese schon nach der äusseren Gestalt leicht erkennbaren Art ist 1·5—2 Cm. lang. Zahl der Segmente 50—62. Der Körper ist glänzend grau, wenig durchscheinend, der Kopflappen länger als der Mundlappen, gleich den nachfolgenden Segmenten mit zahlreichen Hautdrüsen bedeckt (Taf. X. Fig. 1). Zwischen dem Kopf- und Mundlappen auf der Rückenseite befindet sich eine quere, die Leibeshöhle mit der Aussenwelt verbindende Querspalte (*a*). Die Borsten (Taf. X. Fig. 6., 12.) ganz gerade, stark, die mittleren selten kürzer als die äusseren, in Gruppen zu 4—6. Das Gehirn vorn schwach abgerundet, kurz, mit einer engen, tiefen Einstülpung in der Mitte des hinteren Randes (Taf. X. Fig. 1. *g*). Der Darmkanal entbehrt auf der Rückenseite der Chloragogendrüsen, die nur auf der Bauchseite des Darmes spärlich entwickelt sind. Nebst dem ist der Darmkanal dieser Art dadurch charakterisirt, dass er im 7. Segmente mit zwei

---

[1]) PERRIER: Rech. pour serv. a l'hist. d. Lombric. terrestres. pag. 187.

grossen, ovalen, braunen Leberdrüsen ausgerüstet ist, die mittels kleiner Stiele zwischen dem 7. und 8. Segment mit der Darmhöhle communiciren und hierher ihren Inhalt auslceren (Taf. X. Fig. 3. *lbd*). Die Leibeshöhle ist mit einer ungeheueren Menge kreisförmiger, brauner, abgeplatteten Wanderzellen gefüllt, die manchmal die Beobachtung der übrigen Organe erschweren (Taf. X. Fig. 7.).

Der Anfangstheil der Speiseröhre im 4. Segmente zeichnet sich durch seine Erweiterung aus; hierher münden nämlich die sehr dicken Ausführungsgänge der Speicheldrüsen (Taf. X. Fig. 2.), die in vielfachen Windungen nach hinten hinziehen und endlich im 6. Segment unter dem Darmkanale mit 2 bedeutend grossen, aus dünnen Kanälchen bestehenden Knäueln den Leibesraum ausfüllen (*sg*). Die Segmentalorgane beginnen mit einem kelchförmigen Trichter (Taf. X. Fig. 6. *st*) und bilden dann ein dünnes Antiseptale, welches in ein mächtig entwickeltes, seitlich hinter dem Dissepimente einen langen Ausführungsgang abgebendes Postseptale übergeht.

Das Gefässsystem enthält ein im 6. und 7. Segmente herzartige Anschwellungen bildendes Rückengefäss (Taf. X. Fig. 3. *c*).

Junge Eierstöcke stellen lange, Eizellen enthaltende Gebilde dar, die durch leichte Einschnitte die späteren, in der Leibeshöhle flottirenden Eizellengruppen andeuten (Taf. X. Fig. 8. *ov*, *o*). Receptacula seminis in ihrer Entwickelung und Gestalt wie bei Ench. ventriculosus (Taf. X. Fig. 10., 11.).

Die in der Entwickelung begriffenen Samentrichter sind klein, breit, durchsichtig, mit einem breiten centralen Kanale versehen und mit kurzen, braunen Cilien ausgestattet (Taf. X. Fig. 8. *st*). Dieselben sind im Dissepimente des 11. und 12. Segmentes befestigt und nehmen im reifen Zustande eine zierliche, schlank pokalförmige Gestalt an (Taf. X. Fig. 9. *st*). Vollständig entwickelte Samentrichter bestehen aus cylindrischen, mit feinkörnigem Inhalte gefüllten Zellen und sind in ihrer Mündung stets mit langen Spermatozoen gefüllt. Nach hinten verjüngen sich die Samentrichter allmälig und gehen zuletzt in einen sehr langen Samenleiter über (Taf. X. Fig. 9. *df*). Die äussere Öffnung dieser Samenleiter ist durch eine zierlich gelappte Berandung charakterisirt, die eine aus Hautdrüsen gebildete Rosette darstellt (*a*).

Ench. leptodera kommt in grosser Menge in Blumentöpfen vor, in denen Mathiola-Arten gepflanzt werden. Ich habe ihn wenigstens den ganzen Juni und Juli an vielen Orten Böhmens in Blumentöpfen mit der genannten Pflanze gefunden. In wenigen Exemplaren entdeckte ich diese Art auch in Marchantia-Stöcken und in anderen Moosarten in Gesellschaft mit Ench. humicultor. Prag, Kauřím, Sazau, Talmberk (Frič).

5. Ench. Buchholzii Vejd.
(Taf. III., Taf. IV. Fig. 1.)

1842—1868. *Enchytraeus vermicularis* part. Autorum.
1868. *Enchytraeus albidus? Ratzel*: Beitr. z. anat. und syst. Kenntn. d. Oligochaeten.

Körperlänge der ausgewachsenen geschlechtsreifen Exemplare 0·5—0·8 Cm. Zahl der Segmente 26—28. Kopflappen klein, zugespitzt; zwischen dem Kopf- und Mundlappen ein Porus cephalicus (Taf. III. Fig. 2. *a*). Borsten in Gruppen zu 2, 3—4 von verschiedener Gestalt; in der vorderen Körperpartie ganz gerade (Taf. III. Fig. 3. *a*), kürzer als in hinteren Segmenten (Fig. 4.), an dem Insertionsende hakenförmig gebogen (Fig. 3. *b*), am freien Ende zugespitzt.

Das Gehirn am Hinterrande breit, schwach ausgehöhlt, vorn wenig abgerundet (Taf. III. Fig. 1. *g*). Der Bauchstrang bildet in jedem Segment einfache Anschwellungen, welche in der vorderen Körperpartie länglich, in den letzten Segmenten meist kugelig erscheinen. Der Darmkanal mit kolossalen, mit glänzendem Inhalte gefüllten Drüsen bedeckt (Taf. III. Fig. 7.). Bei den geschlechtsreifen Thieren fehlen diese Drüsen in Gürtelsegmenten, wo sie von den sich entwickelnden Geschlechtsorganen verdrängt werden (Taf. IV. Fig. 1. *dgf*). Die in den Oesophagus mündenden Speicheldrüsen (Taf. III. Fig. 1. *sd*) stellen dicht gewundene Knäuel dar, die mittels verdickter Ausführungsenden mit den Oesophaguswandungen kommuniciren. Die Wanderzellen (Taf. III. Fig. 13.) sind länglich, schmal an einem Ende zugespitzt. Die Segmentalorgane (Taf. III. Fig. 6.) mit einem langen und schlanken Antiseptale und verschieden langem Ausführungsgange. In der Leibeshöhle zahlreiche flottirende Borstenballen (Taf. III. Fig. 5.). Der Gürtel durch grosse, vierkantige, mit homogenem Inhalte und deutlichem Kerne und Kernkörperchen versehenen Hypodermisdrüsen (Taf. III. Fig. 8. *a*) gebildet, die an den Gürtelsegmenten in regelmässigen Reihen angeordnet sind. Dazwischen findet man in einer grobkörnigen Intercellularmasse eingebettete Kerne. Was die Entwickelung der Geschlechtsorgane anbelangt, so findet man folgenden Dimorphismus derselben. Die Eier entwickeln sich früher als die Spermatozoen. In solchen Individuen findet man am Dissepimente des 12. Segmentes zahlreiche Eierstöcke befestigt, aus welchen die entwickelten Eier in die Leibeshöhle hineinfallen (Taf. IV. Fig. 1. *ov*, o^1, o^2, o^3). Zu dieser Zeit sind die männlichen Producte noch nicht entwickelt und die Samentaschen sind nur als sehr dünne Schläuche im 5. Segment wahrzunehmen (Taf. III. Fig. 12. *b*). Die Samentrichter sind der angehäuften Eierstöcke wegen sehr schwer zu beobachten. Sie erscheinen als kelchförmige, durchsichtige, mit kurzen Wimpern ausgestattete Organe, die in die Leibeshöhle des 11. Segmentes ragen

(Taf. IV. Fig. 1. *st*) und nach hinten in spärlich gewundene, dünne Samenleiter übergeben (Taf. III. Fig. 10.). Später entwickeln sich drüsige Wandungen dieser Trichter und die sich soeben entwickelnden Spermatozoen haften schon in den Trichtermündungen. In den Thieren, bei denen die männlichen Geschlechtsproducte obwalten, findet man die Samentrichter als mächtig entwickelte, drüsige Organe, die mittels langer und lebhaft wimpernder Samenleiter nach aussen münden. Die Mündung derselben ist in der Leibeshöhle mit grossen Prostatadrüsen umgeben (Taf. III. Fig. 11. *pr*). Die äussere Öffnung ist durch viele rosettenförmig angeordnete Hautdrüsen charakterisirt (Taf. IV. Fig. 1. *a*). In den Thieren mit entwickelten männlichen Geschlechtsproducten gestalten sich die Samentaschen als mächtig aufgeschwollene, mit grauen Spermatozoen gefüllte Beutel, die an ihrer Ausmündungsstelle ebenfalls mit rosettenförmig angeordneten Drüsen umgeben sind (Taf. III. Fig. 12. *c*).

Enchytraeus Buchholzii scheint die gewöhnlichste Art in Böhmen zu sein; er kommt überall vor und ist zu allen Zeiten geschlechtlich entwickelt. Ich fand ihn in allen Blumentöpfen, in Sümpfen und stehenden Gewässern, im Moose etc.

Bemerkung. Enchytraeus Buchholzii stimmt in allen Merkmalen mit dem von Ratzel beschriebenen Ench. albidus Henle überein; nur soll das Blut bei der letzt genannten Art ziegelroth sein, was bei meiner Species niemals der Fall war.

6. Enchyt. humicultor Vejd.
(Taf. V.)

1868. *Ench. vermicularis Ratzel*: Beitr. z. Anat. v. Enchytr. vermicularis.

Körperform und Grössenverhältnisse vollkommen mit Ench. leptodera übereinstimmend. Zahl der Segmente 57—62. Hypodermis am ganzen Körper aus Drüsenzellen bestehend, die in parallelen Reihen rings um den Körper verlaufen (Taf. V. Fig. 7.). Die Borsten zu 3—5 (Taf. V. Fig. 2.), gleich lang, ganz gerade. Das Gehirn ist ebenso lang wie breit und zeigt an seinem Hinterrande einen leichten Einschnitt (Taf. V. Fig. 1.). Die Wanderzellen in der Leibeshöhle sind lang und schmal, an einem Ende etwas zugespitzt (Taf. V. Fig. 3.), in der Grösse variabel. Die in den Oesophagus mündenden Speicheldrüsen vielfach nach hinten gewunden, mit drüsigen dicken Wandungen (Taf. V. Fig. 5.). Die Darmwandungen mit kleinen bräunlichen Drüsen bedeckt.

Das Rückengefäss beginnt im 17. Segment (Taf. V. Fig. 6.) und bildet gleich nach seinem Austritte aus dem Darmblutsinus im 16., 15. und 14. Segmente stark pulsirende herzartige Anschwellungen (c^{16}, c^{15}), die sich später wieder zum gewöhnlichen Rückengefässe gestalten.

Die Rückenporen sind sehr breit (Taf. V. Fig. 6. *pd*) und liegen im vorderen Viertel des Segmentes, dicht zwischen dem Dissepimente und dem Dorsalligamente (Taf. V. Fig. 6. *lg*).

Die Segmentalorgane fangen mit einem kleinen, durchsichtigen Trichter an (Taf. V. Fig. 4. *wt*) und bilden sodann hinter dem Dissepimente ein breites, mit engem Kanälchen durchbohrtes Postseptale. Dieses mündet zuletzt mittels eines kurzen, mit breitem Kanal und dicken Wandungen ausgerüsteten Ausführungsganges nach Aussen (Taf. V. Fig. 4. *G. a*).

Der Gürtel an geschlechtsreifen Individuen mächtig drüsig (Taf. V. Fig. 9. *gl*). Die Geschlechtsorgane entwickeln sich gleichzeitig. Die Eierstöcke im jungen Zustande (Fig. 8.) wie bei Ench. leptodera. Die Samenleiter (Fig. 11.) äusserst lang, bis in das 17., selbst 18. Segment reichend, mit breitem Wimperkanal und sehr langem und drüsigem Samentrichter. Receptacula seminis birnförmig, mit dicken Wandungen und einem drüsigen Ausführungsgang (Taf. V. Fig. 10. *dr*) versehen. Die Drüsen rings um die äussere Öffnung der Samentaschen rosettenförmig angeordnet (Taf. V. Fig. 10. *a*).

An dieser Art kann man sehr leicht die als Eileiter fungirenden Öffnungen entdecken. Bringt man das Thier in das mit einem Tropfen Osmiumsäure gemischte Wasser, so wirkt diese Mischung auf das Thier in der Weise, dass es nach einigen Minuten die Eier durch die Öffnungen zwischen dem 12. und 13. Segment nach aussen ablegt (Taf. V. Fig. 9. *od*, *o*). Die so zum Vorschein gekommenen Eileiter stellen grosse Rinnen dar, die von der Rücken- bis zur Bauchseite der genannten Segmente verlaufen und manchmal auch die abzulegenden Eier enthalten.

Diese Art ist ziemlich häufig in feuchten, ammoniakhaltigen Localitäten mit Pachydrilus Pagenstecheri zu finden. Geschlechtsreife Würmer untersuchte ich im Juli und August (Kouřim).

7. Ench. lobifer Vejd.
(Taf. IX. Fig. 1—8.)

1842—1868. *Ench. vermicularis* part. autorum.

Die Länge dieser Art ist 1·5—2 Cm., die Breite 0.5—0·7 Mm., die Form des Körpers cylindrisch. Der Wurm äusserlich durchscheinend, glänzend, weisslich. Die Zahl der Segmente 55—60. Die Zahl der Borsten in den vorderen Körperregionen 4 in den Rückenreihen, 5—6 in den Bauchbündeln; dieselben sind gerade, nur an der Insertionsstelle backenförmig gebogen, die mittleren kürzer als die äusseren (Taf. IX. Fig. 2. *bo*). In den hintersten Segmenten erscheinen in einzelnen Borstenbündeln nur 2 gleich lange Borsten (Fig. 2. *a*) Der Kopflappen kurz, zugespitzt; zwischen dem Kopf- und Mundlappen an der Rückenseite ein deutlicher Porus cephalicus (Taf. IX. Fig. 1.) Die Gürtelsegmente mit zierlichen Hypodermisdrüsen bedeckt. Man sieht grosse unregelmässige Alveolen (Taf. IX. Fig. 6.), welche in einer grobkörnigen Interalveolarmasse eingebettet sind. In diesen letzten befinden sich zahlreiche Kerne. Im Innern der Alveolen sieht man einen homogenen Inhalt und im Centrum einen mit Plasmamasse umgebenen Korn.

Das Gehirn vorn mit einem konischen Fortsatze, hinten schwach ausgehöhlt (Taf. IX. Fig. 3.) Die Speicheldrüsen mächtig entwickelt (Taf. IX. Fig. 8). Sie stellen breite, helle, dendritisch sich verzweigende blinde Schläuche dar, die sich bis in das 6. Segment erstrecken. Das Bauchgefäss (Taf. IX. Fig. 5.) communicirt in jedem der hinteren Segmente durch 3 Seitengefässe mit dem Darmblutsinus. Die Segmentalorgane (Taf. IX. Fig. 4.) mit einem kurzen, braun pigmentirten Antiseptale, und einem breiten und langen Postseptale, aus welchem dicht hinter dem Dissepimente ein langer Ausführungsgang entspringt.

Samentrichter wie bei den vorigen Arten. Hinsichtlich der Samentaschen bildet E n c h. l o b i f e r einen Uebergang von den Arten mit einfachen Receptakeln zu den mit gelappten Samentaschen versehenen Enchytraeiden. Ein Receptaculum bei E. lobifer stellt nämlich einen konischen Sack dar, welcher am oberen Rande mit vielen soliden, blinden Lappen ausgestattet ist, und in denselben keine Spermatozoen aufbewahrt. Der Samen sammelt sich dicht an der Basis des Ausführungsganges (Taf. IX. Fig. 7. *sp*).

E. lobifer lebt in sandigem Boden (Baumgarten, Kaurim, Wittingau, Leitmeritz (Frič).

8. Ench. adriaticus Vejd.
(Taf. XII. Fig. 13—17.)

1877. *Ench. adriaticus Vejdovský*: Z. Anat. u. System. d. Enchytraeiden.

Körperlänge der ausgewachsenen Thiere 0·8—10 Mm. mit einer geringen Anzahl der Segmente. Der Kopflappen stumpf, die Hautbedeckung durchsichtig, mit spärlichen Hautdrüsen am vorderen Körperende. Porus cephalicus deutlich zwischen dem Kopf- und Mundlappen an der Rückenseite (Fig. XII. Fig. 13 *pc*). Borsten gerade, in Gruppen zu je 3. (Fig. 14.) Das Gehirn hinten abgerundet (Taf. XII. Fig. 13. *g*). Die Darmwandungen mit zierlichen, gestielten, kugeligen Drüsen bedeckt (Taf. XII. Fig. 15. *dd*). Die Segmentalorgane mit einem breiten, trichterlosen Antiseptale, welches in ein, mit kurzem und dünnem Ausführungsgange versehenes Postseptale übergeht (Taf. XII. Fig. 15. *sg*). Die Samentrichter kurz, durchscheinend, mit einem spärlich spiralförmig gewundenen Samenleiter (Taf. XII. Fig. 16.) nach aussen mündend. Die Samentaschen kugelförmig, ohne Nebentaschen, mit kurzen, drüsigen Ausführungsgängen (Taf. XII. Fig. 17.)

Diese Art kommt unter Steinen und im sandigen Schlamme des adriatischen Meeres bei Triest vor. In grosser Menge sammelte ich dieselbe hier bei St. Sabbato im März 1877.

9. Ench. Perrieri Vejd.
(Taf. VII. Fig. 1—12.)

1842—1868. *Ench. vermicularis* part. autorum.
1877. *Ench. Perrieri, Vejdovský* : Z. Anat. u. System. d. Ench.

Körperlänge dieser überall verbreiteten Art 1·5 Cm. Zahl der Segmente 50—58. Die Farbe ist eine glasweisse, die Haut in allen Theilen glänzend und durchscheinend, hart und resistent. Die Zahl der Borsten 4, 5—6 (Taf. VIII. Fig. 4. *a*, *b*), doch so, dass sich in den Bauchreihen gewöhnlich eine oder zwei mehr befinden. Die Länge derselben ist ungleich; die inneren kürzer als die äusseren. An der Insertionsstelle sind die Borsten leicht hakenförmig gebogen. An manchen Exemplaren kommen auch Borsten mit einem verdickten Insertionsende vor (Taf. XIII. Fig. 4. *c*). Das Gehirn : Taf. XIII. Fig. 2. *g*) länglich, vorn mit einem Vorsprunge, hinten abgerundet; das Neurilem bildet am hinteren Ende 2 höckerförmige Verdickungen. Aus dem vorderen Ende des Gehirns entspringt ein Paar Nerven zum Kopflappen, sowie das andere von den Schlundnervencommissuren ausgehende Nervenpaar. Der Bauchstrang besteht aus knotenförmigen Anschwellungen, und zwar in der Weise, dass zwischen je zwei der länglichen Hauptganglien sich ein kurzes rundliches Ganglion absetzt (Taf. VIII. Fig. 2. *soe*, *bg¹*, *bg²*). Von diesen Ganglien gehen Seitennerven ab.

Die Speicheldrüsen stellen einen langen, centralen Schlauch dar, welcher sich im 4. und 5. Segment in büschelförmige blinde Nebenschläuche verästet (Taf. VIII. Fig. 3.). Die Septaldrüsen sind paarig vertheilt, die vorderen zwei Paare die Speiseröhre von der Rückenseite aus bedecken, die des 7. Segmentes getheilt, einen Anhang zur Bauchseite aussendend; auf der Oberfläche sind sie glänzend und bestehen aus grossen cylindrischen Zellen (Taf. VIII. Fig. 5). Das Rückengefäss mit herzartigen Anschwellungen im 5., 6. u. 7. Segment und mit 3 Paar Seitenschlingen, von denen die zwei vorderen aus einem gemeinschaftlichen Gefäss ausgehen (Taf. VIII. Fig. 8., 1. 2). Das Antiseptale der Segmentalorgane (Taf. VIII. Fig. 7.) geht allmälig in das Postseptale über, an dessen hinterem Ende seitlich ein schlanker Ausführungsgang entspringt. Die Samentrichter bestehen aus mächtig drüsigen Zellen (Taf. VIII. Fig. 9. 10.), die Receptacula seminis (Taf. VIII. Fig. 11.) im entwickelten Zustande birnförmig mit zwei gestielten, kugelförmigen Nebentaschen, in welchen braune Spermatozoenklumpen lebhafte Rotationen ausüben.

In allen von mir untersuchten Gegenden traf ich diese Art in ziemlich grosser Menge.

10. Ench. Leydigii Vejd.
(Taf. IX. Fig. 9—15.)

1842—1868. *Ench. vermicularis* part. autorum.
1877. *Ench. Leydigii, Vejdovský*: Z. Anat. u. Syst. d. Enchytraeiden.

Länge dieser bei Prag häufig vorkommenden Art 10—12 Mm., Zahl der Segmente 40—45. Die Haut trägt an der Oberfläche der vorderen 5 Segmente zahlreiche Drüsen, die in 4 Reihen an den einzelnen Segmenten erscheinen (Taf. IX. Fig. 11. *hd*). Dieselben sind unregelmässig, zickzackförmig conturirt, glänzend, mit feinkörnigem Inhalte gefüllt. Die Drüsen der Gürtelsegmente (Taf. IX. Fig. 16.) sind regelmässig, viereckig und in regelmässigen Reihen angeordnet. Man sieht da glänzende, mit homogenem Inhalte gefüllte Drüsen, welche die Kerne und die Kernkörperchen vollkommen einbüssen. Daneben liegen wieder Drüsen derselben Grösse und Gestalt, die mit einem grobkörnigen Inhalte gefüllt sind und einen deutlichen Kern und ein Kernkörperchen aufbewahren. Die Borsten sind constant in einzelnen Bündeln zu 2—4 vorhanden und auch in ihrer Gestalt charakteristisch .(Taf. IX. Fig. 10.). An der Insertionsstelle sind sie schwach hakenförmig gebogen, in der Mitte verdickt und enden stumpf spitzig.

Das Gehirn ist hinten abgerundet und entsendet nach vorne 2 Paar Nervenäste in den Kopflappen (Taf. IX. Fig. 9). Die Speicheldrüsen (Taf. IX. Fig. 13.) erscheinen im 4. Segmente als breite, glänzende Schläuche, die sich bis in das 5. Segment hinziehen, um sich hier spärlich dichotomisch zu verästen. Nach vorn münden sie mittels stark verdickter, braun pigmentirter Enden in den Oesophagus. Die Segmentalorgane (Taf. IX. Fig. 12.) fangen mit einem erweiterten, kurzen Antiseptale an, dessen Mündung mit langen Wimpern ausgestattet ist. Das Postseptale ist lang gestreckt, allmälig in den Ausführungsgang übergehend. Die Samentrichter sind mächtig drüsig (Taf. IX. Fig. 14.), die Samenleiter sehr lang und dünn, mit einer zelligen Drüsenmasse umgeben. Receptacula seminis (Taf. IX. Fig. 15.) zierlich, mit 2 grossen keilförmigen Nebentaschen versehen.

Diese Art ist namentlich im schwarzen Humus der Umgebung von Prag verbreitet. In anderen Gegenden Böhmens traf ich sie bisher nicht. Geschlechtsreife Exemplare sammelte ich namentlich im Juli im Baumgarten bei Prag.

11. Ench. galba Hoffm.
(Taf. VII. Fig. 1—8.)

1842. *Ench. galba Hoffmeister:* Beitr. z. Kennt. deutsch. Landanell. Wiegm. Arch. f. Nat.
1854. *Ench. galba, D'Udekem*: Descrip. d'une nouv. esp. d'Enchytr. Bullet. d'l'Acad. Belg. T. XXI.
1859. *Ench. galba D'Udekem:* Nouv. class. d. Annel. sétif. ahr. Mém. cons et mém. Sav. étr. T. XXXI.
1862. *Ench. galba Buchholz:* Beit. z. Anat. d. Gatt. Enchytraeus etc.
1862. *Ench. galba Leydig:* Ueb. d. Nervensyst. d. Anuel.
1864. *Ench. galba Leydig*: Vom Bau des thier. Körp. Taleln z. vergleich. Anat.
1868. *Ench. vermicularis Ratzel*: Beit. z. Anatomie von Ench. vermicularis.
1868. *Ench. galba Ratzel*: Beitr. z. anat. u. system. Kenntn. d. Oligochaet. Z. f. w. Z. Bd. XVIII.
1877. *Ench. galba Vejdovský:* Z. Anat. u. Syst. d. Enchytraeiden.

Diese überall verbreitete Art ist 1·5—2 Cm. lang, mit 40—45 Segmenten; die Farbe graulich, die Haut wachsartig glänzend, durchscheinend, hart und resistent. Die Borsten gerade, die mittleren in einzelnen Bündeln kürzer (Taf. VII. Fig. 3 *a*, *b*). Das Gehirn hinten abgerundet mit 2 Paar Seitenästen am vorderen Rande (Taf. VII. Fig. 1). Der Bauchstrang mit schwach abgeschnürten ganglionartigen Anschwellungen. Die Wanderzellen haben eine elliptische, gestreckte Form, sind an beiden Enden zugespitzt und mit einer durchsichtigen Substanz gefüllt. Die Speicheldrüsen nicht gewunden, breit, durchsichtig, mit spärlich dichotomisch sich verästenden hinteren Enden, die sich im 6. Segment befinden (Taf. VII. Fig. 2.). Die Segmentalorgane mit einem erweiterten Antiseptale und einem dünnen, am hinteren Ende des Postseptale seitlich ausgehenden Ausführungsgange (Taf. VII. Fig. 4.).

Die Hypodermisdrüsen der Gürtelsegmente (Taf. VII. Fig. 8.) stellen polygonale, mit homogenem Inhalte gefüllte Alveolen dar, zwischen welchen sich eine grobkörnige Masse mit eingebetteten Kernen befindet. Die Samentrichter lang, die Samenleiter unregelmässig gewunden, mit einer mächtigen Prostatadrüse rings um die Ausmündungsstelle versehen (Taf. VIII. Fig. 5). Die Leibeshöhle des 11. und 12. Segments mit zahlreichen Eizellenklumpen gefüllt. Die als Eileiter fungirenden Öffnungen zwischen dem 12. und 13. Segment, ausserdem noch rudimentäre, der Lage nach den Eileitern entsprechende Öffnungen zwischen dem 13. und 14., zwischen dem 14. und 15. und zwischen dem 15. und 16. Segmente (Taf. VII. Fig. 6. ovd^1, ovd^2). Receptacula seminis mit langen Ausführungsgängen, länglich, mit 3—5 seitlichen, am oberen Rande stehenden Nebentaschen. Diese stellen kurze, blinde Ausstülpungen dar, in denen die Spermatozoenklumpen lebhafte Rotationen ausüben (Taf. VII. Fig. 7.).

Ench. galba ist eine der gewöhnlichsten Arten, welche mit E. Perrieri und Ench. hegemon an denselben Orten vorkommt. In allen Gegenden Böhmens zahlreich. Zwischen faulenden, feuchten Blättern und im gewöhnlichen Humus fand ich immer eine grössere Anzahl. Ench. galba ist das ganze Jahr hindurch geschlechtlich entwickelt.

12. Ench. hegemon Vejd.

(Taf. XII. Fig. 1—5.)

1877. *Ench. hegemon Vejd.*: Zur Anat. und Syst. d. Enchytr.

Diese Art übertrifft an Länge und Breite die übrigen Enchytraeiden, indem sie bis 3 Cm. lang ist. Die äussere Bedeckung ist gelblich grau, drüsig, wenig durchscheinend. Der Darmkanal mit braunen Drüsen bedeckt, das Gehirn (Taf. XII. Fig. 1.) elliptisch, hinten beinahe gerade, vorn mit einem konischen Fortsatze. Die Speicheldrüsen sehr mächtig entwickelt, hell, mit homogenem Inhalte gefüllt und zahlreich verästelt (Taf. XII. Fig. 2). Die Borsten weichen in ihrer Form, in der Zahl und Anordnung nicht von den der übrigen vorangehenden Arten ab (Taf. XII. Fig. 5). Die Segmentalorgane zeichnen sich durch einen mächtigen Trichter aus, welcher in ein breites Postseptale übergeht und durch einen schlanken Ausführungsgang nach aussen mündet (Taf. XII. Fig. 3.) Die Receptacula seminis sind äusserst zierlich; sie werden durch einen soliden Hauptabschnitt gebildet, welcher aus drüsigen Zellen besteht, an seinem oberen Rande aber zwei Reihen gestielter Nebentaschen trägt. Diese sind als blinde Ausstülpungen des Hauptabschnittes zu betrachten und stellen kugelförmige Höhlen dar, in welchen Spermatozoen aufbewahrt werden. Man findet gewöhnlich in einer Reihe 15—20 solche Blindtaschen. Der lange Ausführungsgang der Samentaschen ist an seiner Ausmündungsstelle mit 2 grossen Drüsen ausgerüstet (Taf. XII. Fig. 4).

Enchytraeus hegemon kommt in grosser Anzahl in faulen Blättern und im Moose vor. Im Frühling und Herbst findet man gewöhnlich recht grosse, geschlechtlich entwickelte Exemplare in den Waldungen bei Prag (Baumgarten, Rostok, Chuchelbad, Kanalscher Garten), Kauřim, Sazau, Talmkey, Wittingau.

C. Genus. Anachaeta[1]) Vejdovský 1878.

1. Anachaeta Eisenii Vejd.

(Hierzu Taf. I., Taf. II. Fig. 1—4a. 4b.)

1877. *Achaeta Eisenii Vejdovský*: Z. Anat. u. Syst. d. Enchytraeiden.

Die gewöhnliche Länge des Wurmes ist 1—1·2 Cm., der Körper sehr starr, glänzend und durchscheinend. Zahl der Segmente 30—32. Der Kopflappen kurz, kugelig, nach unten gerichtet (Taf. II. Fig. 1.), mit einer Öffnung, dem Porus cephalicus, an der vordersten Spitze. Die Hautbedeckung wird durch besondere Drüsen charakteristisch. In der Mittellinie des Rückens sieht man in den Intersegmentalfurchen helle Bläschen (Taf. I. Fig. 2. *gl*) (Intersegmentaldrüsen), und am jedem Segmente einige grüne Drüsen (Chlorophylldrüsen), welche mittels feiner Kanälchen nach aussen münden. Die gewöhnlichen Hautdrüsen sind sowohl am Kopflappen als auch an den übrigen Segmenten spärlich entwickelt. Die Borsten durch grosse, in die Leibeshöhle hineinragende, dickwandige Zellen (Taf. I. Fig. 4. *bs*) vertreten. Dieselben sind glänzend, mit einem grossen Kern und Kernkörperchen und einem grobkörnigen Inhalte gefüllt.

Das Gehirn (Taf. I. Fig. 1. *gg*) ist hinten abgerundet und vorn mit einem stumpfen Vorsprunge versehen. Der Bauchstrang mit grossen Anschwellungen, namentlich in den ersten Segmenten. Diese Anschwellungen gestalten sich in den hinteren Segmenten zu wirklichen Ganglien (Taf. I. Fig. 9.), die in den letzten 3 Segmenten vor dem Analsegmente als verwachsene Ganglienmasse erscheinen.

Die Speicheldrüsen stellen kurze, schwer zu beobachtende Säcke dar, welche ein vielfach gewundenes wimperloses helles Kanälchen durchzieht (Taf. II. Fig. 3.).

Der Darmkanal ist mit kleinen braunen Chloragogendrüsen bedeckt. Die Septaldrüsen erscheinen als bandartige mit glänzendem Inhalte gefüllte Körper, die die Speiseröhre von der Rückenseite bedecken, sich nach unten

---

[1]) In meiner vorläufigen Mittheilung über die Enchytraeiden habe ich für diese Gattung den Namen Achaeta vorgeschlagen. Da aber diese Benennung bereits für eine Gattung der Grylliden benutzt wurde, so nenne ich dieselbe gegenwärtig Anachaeta.

begeben und an der Bauchseite blind in die Leibeshöhle hineinragen (Taf. I. Fig. 6. gl^3, gl^4). Die zellige Structur dieser Gebilde ist besonders an jungen Exemplaren schwer wahrzunehmen.

Das Rückengefäss ist durch seine dicken Wandungen charakteristisch; es bildet im 5. und 6. Segment zwei herzartige Anschwellungen (Taf. I. Fig. 6. c^1, c^2), die sich durch starke Pulsirungen verrathen.

Die Segmentalorgane (Taf. I. Fig. 10) fangen im 6. Segment an; das Antiseptale derselben ist gleich dem Postseptale angeschwollen, drüsig und ragt mit einer trichterartigen, mit langen Wimpern umgebenen Öffnung in die Leibeshöhle hinein. Der Ausführungsgang ist durchscheinend, dünn.

Der Gürtel ist mächtig entwickelt, durch viereckige, mit grobkörnigem Inhalte und mit Kernen gefüllte und in regelmässigen Reihen verlaufende Hypodermisdrüsen gebildet. Die Eierstöcke zerfallen in einzelne in der Leibeshöhle flottirende Eizellenklumpen. Die Samentaschen stellen beutelförmige Körper dar, die sich bis in das 7. Segment erstrecken. Dies wird durch äusserst lange, die Ausmündungstelle ringsum umgebende Ausführungsgänge verursacht, die wie die eigentliche Anschwellung mit dicken Wandungen versehen sind. Im Innern der Receptacula (Taf. I. Fig. 13.) findet man ausser der dicht angehäuften Samenmasse noch längliche, krystallförmige Körperchen und helle Luftblasen.

Die Samentrichter sind sehr zierlich, lang, das ganze 11. Segment in Anspruch nehmend, die Samenleiter (Taf. I. Fig. 11.) äusserst lang, regelmässig spiralig gewunden, an ihrer Mündung mit grossen Hypodermisdrüsen (ss) umwachsen.

Die Körperflüssigkeit enthält Wanderzellen von verschiedener Grösse und Gestalt. Die gewöhnlichsten und zahlreichsten sind abgeplattet, schildförmig, unregelmässig contourirt, durchscheinend, mit Kern und Kernkörperchen versehen (Taf. I. Fig. 7. a, b, c). Darunter findet man kleinere, regelmässige Wanderzellen (Taf. I. Fig. 8.), die in genügender Anzahl vorhanden sind.

Anachaeta Eisenii lebt in grosser Anzahl in wenig feuchter Erde. Ich habe sie nur im Museumsgarten an Wurzeln von Viola, Erythronium und Corydalis das ganze Jahr hindurch beobachtet und konnte dieselbe wochenlang im Wasser am Leben erhalten.

Inhalts-Uebersicht.

	Seite
Vorwort	3

I. Allgemeiner Theil.

I. **Historische Einleitung** . . . . 5—10
II. **Vom Bau der Enchytraeiden im Allgemeinen.**
  1. Äussere Gestalt und Leibesschlauch 11
    A. Cuticula 11
    B. Hypodermis. Gewöhnliche Hypodermisdrüsen. Intersegmental- und Chlorophyldrüsen bei Anachaeta. Borstendrüsen derselben. — Gürteldrüsen und Entstehung des Gürtels . . . . 12—14
    C. Muskelschichten und Peritonaeum 14
    D. Leibeshöhle.
      Dissepimente. — Septaldrüsen. — Einwände gegen die Auffassung Ratzel's über das Schlundnervensystem der Enchytraeiden. — Elemente der Leibeshöhle. — Opalina filum Clap. — Form der Wanderzellen. — Vergleich derselben mit den Chloragogenzellen am Darme. — Ursprung der Wanderzellen. — Kopfporen bei allen Gattungen der Enchytraeiden. — Rückenporen der Gattung Enchytraeus . . . . 16—19
  2. Die Borsten und ihre Entwickelung.
    Allgemeines über die Formen der Borsten. — Borstendrüsen bei Anachaeta. — Gleichzeitige Bildung der Borsten. — Borstendrüsen bei Urochaeta. — Borstenbildung im Allgemeinen. — Befestigung der Borstensäcke an der Leibeswand. 20—22
  3. Das Nervensystem.
    Bau des Gehirnes. — Gehirnmuskeln. — Bau des Bauchstranges. — Verhältnisse der Leibesmuskulatur zum Bauchstrang. — Entstehung des Bauchstranges. — Schlundnervensystem . . . . 22—27
  4. Darmkanal.
    Muskeln der Mundhöhle. — Der Schlundkopf. — Gestalt der Speicheldrüsen. — Morphologische Bedeutung der Speicheldrüsen bei Anachaeta und Enchytraeus. — Speicheldrüsen anderer Anneliden und von Peripatus. — Speiseröhre. — Magendarm und dessen Blutsinus. — Leberdrüsen bei Enchytraeus ventriculosus und E. leptodera. — Ursprung derselben . . . . 27—32
  5. Kreislaufsorgans.
    Rückengefäss. — Darmdivertikel bei Ench. appendiculatus (Buchholz). — Verbindung des Rücken- und Bauchgefässes. — Blutkörperchen der Oligochaeten . . . . 32—35
  6. Exkretionsapparat.
    Anatomie der Segmentalorgane . . . . 35—37
  7. Geschlechtsorgans.
    Entstehung der Geschlechtsorgane im Allgemeinen. — Geschlechtsdrüsen der Enchytraeiden . . . . . . 37—38
    A. Hoden.
      Hodenbildung bei Pachydrilus. — Tauber's und Semper's Angaben über die Hoden von Chaetogaster. — Gonospora Pachydrili . . . . 38—40
    B. Morphologie der Samenleiter.
      Historisches. — Entwicklung der Samenleiter bei Anachaeta und Enchytraeus Buchholzii. — Einwände gegen die Homologie der Samenleiter mit den Segmentalorganen der Oligochaeten. — Samenleiterapparat der Terricolen und der übrigen Wurmclassen. — Anatomie der Samenleiter bei den Enchytraeiden . . . . 40—43
    C. Eierstöcke und Eileiter.
      Eibildung bei Ench. Buchholzii und bei anderen Arten. — Entdeckung der als Eileiter fungirenden Öffnungen. — Verhältniss derselben zu den Segmentalorganen. — Einwände gegen die Homologie der Eileiter mit den Segmentalorganen der Oligochaeten und von Bonellia . . . . 43—46
    D. Receptacula seminis.
      Lage der Samentaschen. — Entstehung derselben. — Bau der Samentaschen. — Resultate. — Semper's Angabe über die Entstehung der Samentaschen bei Chaetogaster. — Bei Plutellus (Perrier) entstehen die Samentaschen unabhängig von den Segmentalorganen . . . . 46—49
  Zusammenstellung der gewonnenen Ergebnisse 49

II. Specieller Theil.

I. **Systematische Uebersicht.**
  A. Familia: Enchytraeidae 50
  B. Gattungen 50
  C. Arten . . . . 50—52
II. **Beschreibung der einzelnen Arten.**
  A. Genus. Pachydrilus Claparède 1862.
    1. Pachydrilus fossor Vejd. 52
    2.   "   sphagnetorum 52
    3.   "   Pagenstecheri Ratzel spr. . . 53
  B. Genus. Enchytraeus Henle 1837.
    1. Enchytraeus appendiculatus Buchholz . . 54
    2.   "   puteanus Vejd. 54

    3. Enchytraeus ventriculosus D'Udekem . . . 55
    4.   "   leptodera Vejd. 55
    5.   "   Buchholzii Vejd. 56
    6.   "   humicultor Vejd. 57
    7.   "   lobifer Vejd. 57
    8.   "   adriaticus Vejd. 58
    9.   "   Perrieri Vejd. 58
    10.   "   Leydigii Vejd. 59
    11.   "   galba Hoffm. 59
    12.   "   hegemon Vejd. 60
  C. Genus. Anachaeta Vejdovsky 1878.
    Anachaeta Eiseni Vejd. 60

Tafel I.

Anachaeta Eisenii Vejd.

Fig. 1. Vorderes Körperende, stark vergrössert, vom Rücken aus betrachtet.
  o Kopfporus, *bm* Bulbusmuskeln,
  l Leibeswandung, *oe* Speiseröhre,
  bs Borstenzellen, *vd* Rückengefäss,
  y Gehirn, *vs*¹, *vs*² Seitengefässe.
  *gm*¹, *gm*² Gehirnmuskeln,

Fig. 2. Optischer Längsschnitt der Leibeswand, Dorsalseite.
  cu Cuticula, *gl* Intersegmentaldrüsen mit hellem, homogenem Inhalte;
  hz Hypodermiszellen, *cg* Chlorophylldrüsen,
  c Kanälchen, *m* Muskelschicht,
   ds Dissepimente.

Fig. 3. Zwei Segmente der mittleren Körperregion, vom Rücken aus betrachtet, um die Lage der Borstenzellen *bs*, der Chlorophylldrüsen *cg* und Intersegmentaldrüsen *gl* zu zeigen.

Fig. 4. Eine Borstenzelle *bs* mit ihrem Kanälchen *ca*, stark vergrössert.

Fig. 5. Hydodermis des Gürtels, von oben gesehen. Man gewahrt in regelmässigen Reihen geordnete, mit Nucleus und Nucleolus und granulirtem Protoplasma versehene Hypodermiszellen.

Fig. 6. Vordere Partie des Darmkanales.
  d Darmdrüsen,
  *c*¹, *c*² Contractile Anschwellungen des Rückengefässes, mit contractilen Muskelzellen *mz*,
  *gl*³, *gl*⁴ Septaldrüsen,
  ds Dissepimente.

Fig. 7. *a*, *b*, *c* Grössere Wanderzellen.
Fig. 8. Kleine Wanderzellen.
Fig. 9. Hintere Partie des Bauchstranges.
Fig. 10. Isolirtes Segmentalorgan:
  wt Wimpertrichter, *g* Ausführungsgang,
  A Antiseptale, *ds* Dissepiment,
  B Postseptale, *a* äussere Öffnung.

Fig. 11. Auspraeparirter Samenleiter. Vergr. $\frac{1}{10}$. Nach einem Osminiusäure-Picrocarmin-Praeparate:
  wt Wimpertrichter, *ss* die zu Prostatadrüsen modificirten Hypodermiszellen,
  ds Dissepiment, *a* äussere Öffnung.
  df Samenleiter,

Fig. 12. A. Erste Bildung des Samentrichters. An dem Dissepimente des 11/12 Segmentes entsteht eine solide den zukünftigen Samentrichter darstellende Zellgruppe *t*; *ov* junges Ovarium.

Fig. 12. B. Älteres Stadium eines Samenleiters. Die Flimmerung nicht wahrnehmbar, *t* der künftige Samentrichter, *st* Samenleiter, *a* äussere Öffnung, *ds* Dissepiment, *ov* junger Eierstock.

Fig. 12. C. Weiteres Stadium der Samenleiterbildung. Der Samentrichter beginnt hohl zu werden, der Samenleiter windet sich spiralförmig, die Wimpern fehlen noch gänzlich.

Fig. 13. Isolirte Samentasche:
  gl Hypodermisdrüsen ringsum die äussere Öffnung *a*,
  dr Ihr Aussehen an der äusseren Haut.
  w Wandung der Samentasche,
  h Hohlräume zwischen den Spermatozoen (Luftblasen?),
  k Stäbchenförmige Körperchen in den Samentaschen.

Fig. 14. Rückengefäss:
  ta Tunica adventitia,
  tm Tunica muscularis,
  tp Tunica propria.

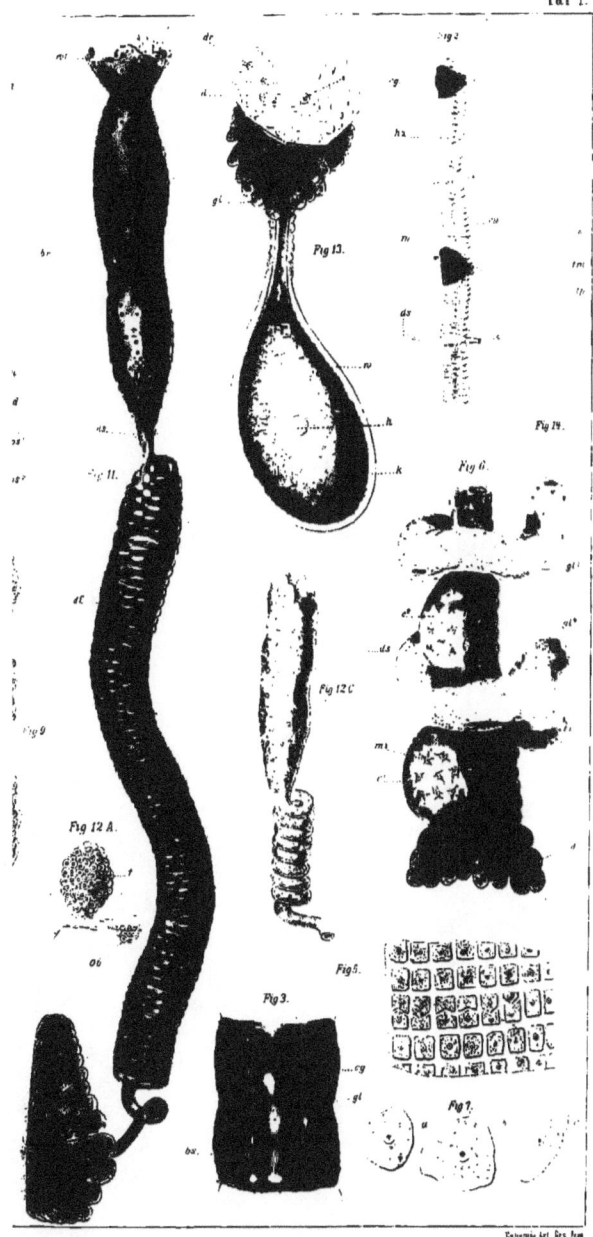

Anachaeta Eisenii Vejd.

Tafel II.

Fig. 1—4. Anachaeta Eisenii.

Fig. 1. Vorderes Körperende in der Seitenlage, im optischen Längsdurchschnitt, nach einem Osmium-Pikrocarmin-Praeparate gezeichnet.
cu Cuticula,
hp Hypodermis,
pc Kopfporus,
o Mundöffnung,
ms^1, ms^2, ms^3, ms^4 Muskeln der Oberlippe,
m^1, m^2, m^3 Muskeln der Unterlippe,
ms^3 Seitenmuskel der Mundöffnung,
m^4 Oesophagusmuskel,
moe Muskeln des Bulbus oesophagi,
boe Bulbus oesophagi,
oe Anfangstheil der Speiseröhre,
g Gehirnganglion,
com Schlundcommissur,
gsb Ganglion suboesophageale mit Nervenzellen und Nervenfasern,
sn Seitennerven desselben, zu den Leibeswandungen verlaufend,
ns Nervus sympathicus.

Fig. 2. Muskelzellen der contractilen Anschwellungen des Rückengefässes.
Fig. 3. Speicheldrüse.
Fig. 4. *a.* Abgelegter Cocon.
Fig. 4. *b.* Der untere Pol desselben, vergrössert, *pf* pfropfenartige Einstülpung der äusseren Hülle.

Fig. 5—10. Enchytraeus appendiculatus Buchholz.

Fig. 5. Borsten.
Fig. 6. Vorderer Theil des Darmkanals.
oe Wandungen des Oesophagus,
boe Bulbus oesophagi,
fl Flimmerhaare,
spd Speicheldrüsen,
ds Dissepimente,
sd^1, sd^2, sd^3, sd^4 Septaldrüsen des 4., 5., 6. und 7. Segmentes.

Fig. 7. Isolirtes Segmentalorgan. Bezeichnung wie Taf. I. Fig. 10.
Fig. 8. Hinterer Theil der Speiseröhre mit dem Magendarm *d*, um die Verhältnisse desselben zum Gefässsystem zu zeigen. Aus den Wandungen des Darmes tritt ein aus mehreren Gefässchen gebildeter Divertikel (*c*) hervor, welcher sich zuletzt zu einem gemeinschaftlichen Rückengefäss *rg* ausbildet.
sd^3, sd^4 Septaldrüsen.

Fig. 9. Nervensystem.
gc Gehirnganglion mit Schlundcommissuren *b*, aus welchen die Nervenäste *a* zum Kopflappen ausgehen.
bs Bauchstrang.

Fig. 10. Wanderzellen; *a* grössere, *b* kleinere Form.

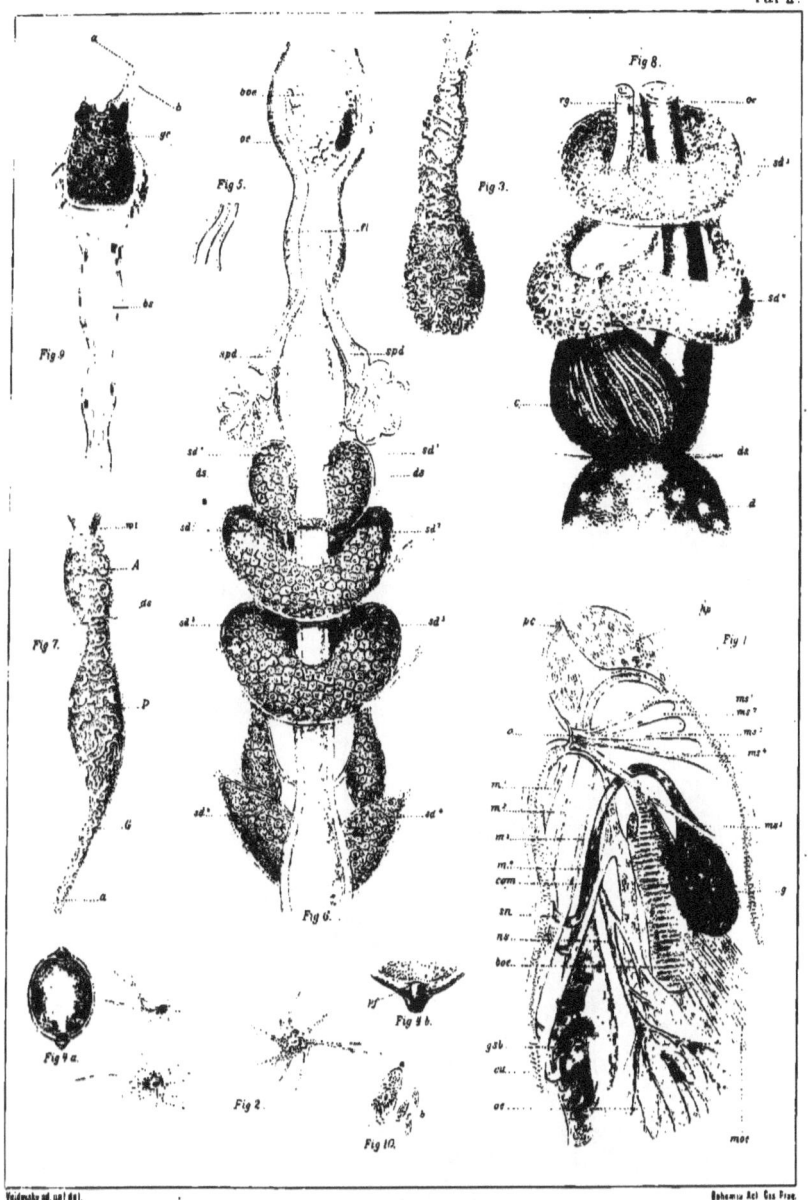

1-4b. Anachaeta Eisenii. 5-10 Enchytraeus appendiculatus Buchholz.

Tafel III.

Enchytraeus Buchholzii Vejd.

Fig. 1. Organe der vorderen Körperpartie, stark vergrössert.
  g Gehirnganglion,
  c Schlundcommissuren,
  gm¹, *gm²* Gehirnmuskeln,
  boe Bulbus oesophagi,
  bm Muskeln desselben,
  f Flimmerhaare der Speiseröhre,
  sd Speicheldrüsen,
  vd Rückengefäss,
  vv Seitengefässe,
  vp¹, *vp²* Gefässschlingen zwischen den Rücken- und Seitengefässen.
Fig. 2. Kopf- und Mundlappen mit dem Kopfporus *a*.
Fig. 3 a. 3 b. Fig. 4. Die variirenden Formen der Borsten in den einzelnen Körperregionen.
Fig. 5. Die in Ballen verklebten Borsten, in der Leibeshöhle flottirend (*b*), *d* Darmdrüschen.
Fig. 6. Isolirtes Segmentalorgan. Bezeichnung Taf. I. Fig. 10.
Fig. 7. Ein Stück des Darmes *dg*, mit seinen Drüsen *gl*.
Fig. 8. a. Hypodermiszellen am Gürtel, von oben aus betrachtet.
Fig. 8. b. Dieselben in Profillage; *ca* Canälchen der einzelnen Drüsen.
Fig. 9. Hypodermisdrüsen der übrigen Segmente.
Fig. 10. Ein in Entwickelung begriffener Samenleiter aus einem Wurme, dessen Eierstöcke vollkommen ausgebildet sind. Spärliche Spermatozoen *sp* stecken im schwach entwickelten Samentrichter *t*; der Samengang *ds* ist undeutlich contourirt, ohne Flimmerung.
Fig. 11. Samenleiter aus einem Wurme, dessen Hoden vollkommen reif sind. Spermatozoen *sp* erfüllen in grossen Büscheln die wimpernden Mündungen des mächtig entwickelten Samentrichters; der Samengang (*df*) ist vielfach verknäuelt und mit einer mächtigen Prostatadrüse *pr* ausgerüstet.
Fig. 12. a, 12. b. Die in der Entwickelung begriffenen, durch die Einstülpung der äusseren Körperwand entstehenden Samentaschen.
Fig. 12. c. Reife, mit Spermatozoen gefüllte Samentasche; die äussere Öffnung derselben ist mit zierlichen Hypodermisdrüsen umrandet (*gl*).
Fig. 13. Wanderzelle.
Fig. 14. Gürtelwandung im optischen Längsdurchschnitt;
  hp Hypodermisdrüsen,
  ♂ Männliche Geschlechtsöffnung,
  ♀ Weibliche
Fig. 15. Eigenthümliche Gestalt des Eierstockes, wo die Eizellenklumpen zusammenhängen und seitlich die sich entwickelnden Eier tragen.

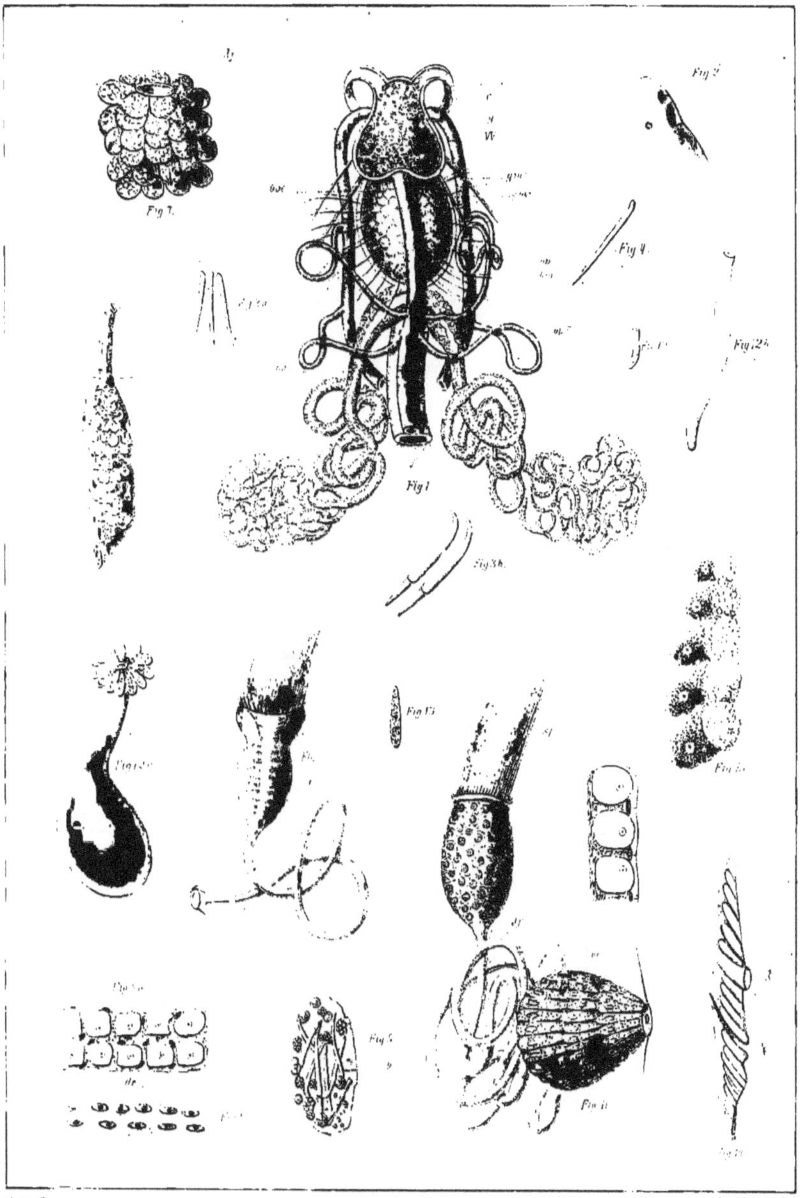

Enchytraeus Buchholzii Vejd.

Tafel IV.

Fig. 1. Enchytraeus Buchholzii Vejd.

Fig. 1. Genitalsegment mit Eierstöcken und Samenleitern.
    dgf Darmkanal ohne Darmdrüsen,
    ddg Kolossale Darmdrüsen,
    sp Spärlich angehäufte Spermatozoen in den Samentrichtern *st*,
    ds $^{11}/_{12}$ Dissepiment des 11. und 12. Segmentes,
    ov Junge Eizellenklumpen,
    o^1, o^2, o^3 die in allmäliger Entwickelung begriffenen Eier,
    vd Samenleiter,
    dm Stück Haut,
    d Hypodermisdrüsen,
    a äussere Öffnung der Samenleiter.

Fig. 2—9. Enchytraeus humicultor Vejd.

Fig. 2. Querschnitt des Schlundkopfes,
    vd Rückengefäss,
    sg Seitengefässe,
    by Bindegewebige Muskelmasse,
    bm Bulbusmuskeln,
    n Schlundnerven,
    pt Peritonaealschicht,
    g Ganglienzellen des Bauchstranges,
    p Faserschicht desselben.
Fig. 3. Optischer Längsschnitt einer Speicheldrüse,
Fig. 4. Trichter eines Segmentalorgans, sehr stark vergrössert.
Fig. 5. Querschnitt des Körpers in der Region der Septaldrüsen.
    a Cuticula mit der Hypodermis,
    b Quermuskelschicht,
    c Längsmuskelschicht,
    d Peritonaeum,
    e Bauchfurche,
    n Bauchstrang,
    vd Rückengefäss,
    vv Bauchgefäss,
    sp Speiseröhre,
    dd, *dd'* Septaldrüsen.
Fig. 6. Querschnitt der Septaldrüsen des letzten Paares.
    dd Septaldrüsen,
    vd Rückengefäss,
    vv Bauchgefäss,
    sp Speiseröhre.
Fig. 7. Ein Borstenbündel.
    bs durch die Peritonaealmembran gebildeter Borstensack,
    p granulirter Inhalt der Zellen, aus welchen sich die Borsten entwickelt haben.
    cu Cuticula,
    hp Hypodermis,
    qm Quermuskelschicht,
    lm Längsmuskelschicht,
Fig. 8—9. Querschnitte des Bauchstranges.
    m^1, m^2 Muskelpaare, die in der Quermuskelschicht des Leibesschlauches ihren Ursprung haben und die Längsmuskelschicht unterbrechen,
    p Faserschicht des Bauchstranges mit Bauchstrangsröhren,
    g Ganglienzellenschicht.

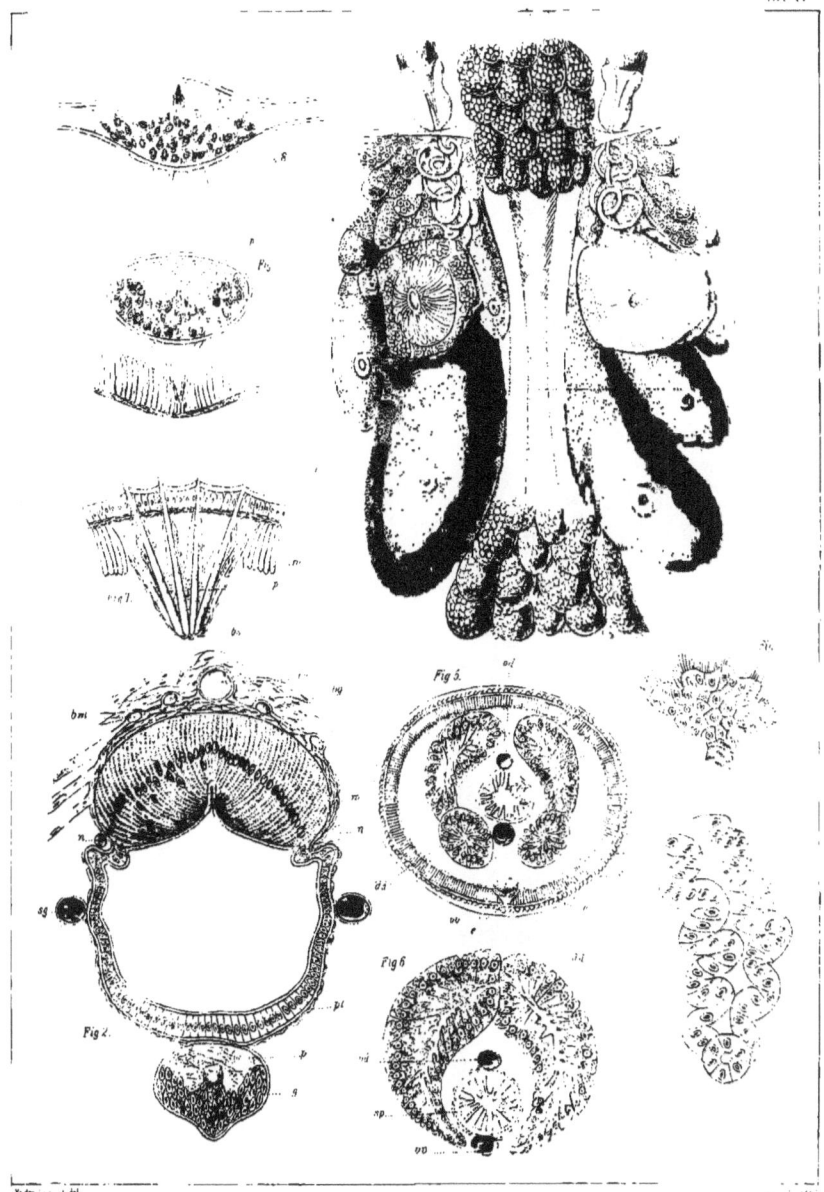

Taf. IV

Tafel V.

Enchytraeus humicultor Vejd.

Fig. 1. Gehirn.
Fig. 2. Borstenbündel.
Fig. 3. Wanderzelle.
Fig. 4. Segmentalorgan. Bezeichnung wie Taf. I. Fig. 10.
Fig. 5. Speicheldrüse.
Fig. 6. Optischer Längsschnitt durch die Leibes- und Darmwand des 15—19. Segmentes. Die Darmwand ist nach aussen durch die Peritonaealhülle pt' gebildet und mit einer Schichte von Drüsen dd bedeckt. Darunter sieht man im 18. und 19. Segment einen contractilen Blutsinus sd. Derselbe tritt an der Grenze des 17. und 18. Segmentes aus den Darmwandungen heraus, um ein mit 2 stark pulsirenden, im 16. und 15. Segment befindlichen Herzen zum Vorschein kommendes Rückengefäss zu bilden (c^{15}, c^{16}). Der Darm ist mittels der Dissepimente ds und der Ligamente lg an der Leibeswand befestigt. Die Leibeshöhle communicirt mittelst der Rückenporen pd nach aussen.
  cu Cuticula,
  hp Hypodermis,
  qm Quermuskelschicht,
  lm Längsmuskelschicht,
  pt Peritonaeum der Leibeswand,
  ep Epithel der Darmwandung,
  ms Muskelschicht derselben.
Fig. 7. Hypodermis der Körperwandung, von oben gesehen.
Fig. 8. Junges Ovarium. Vergröss. $\frac{360}{1}$.
Fig. 9. Der Gürtel in vollständiger Ausbildung der Geschlechtsorgane.
  df äussere Öffnungen der Samenleiter.
  ovd Öffnungen für den Austritt der Eier,
  gl Hypodermisdrüsen,
  bb Bauchborsten des 13. Segmentes.
Fig. 10. Receptaculum seminis, mit Spermatozoen gefüllt.
  dr Drüsen am Ausführungsgauge,
  dm Stück Haut,
  a äussere Öffnung.
Fig. 11. Samenleiter df, mit seinem Samentrichter st und den darin steckenden Spermatozoen sp.

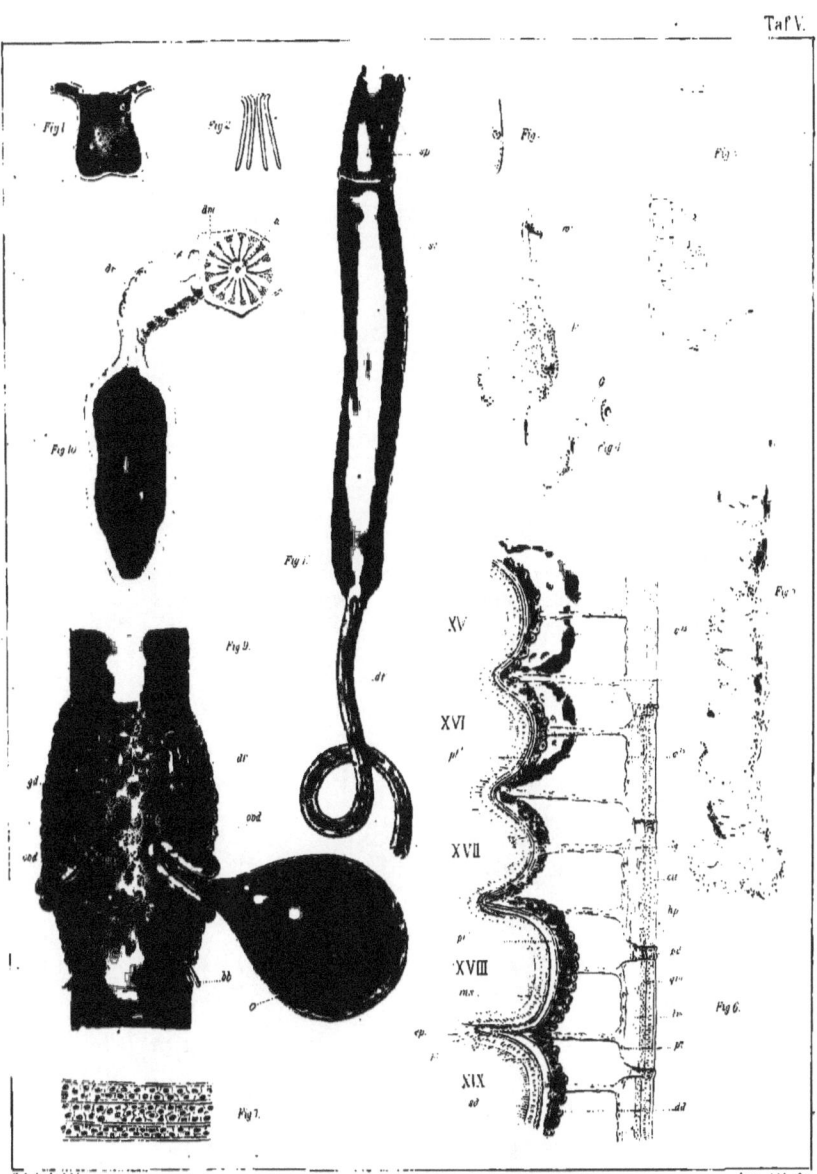

Enchytraeus humicullor Vejd.

Tafel VI.

Enchytraeus ventriculosus D'Udekem.

Fig. 1. Gehirn.
Fig. 2., 3., 4. Borstenbündel.
Fig. 5. Wanderzellen.
Fig. 6. Gefässsystem der vorderen Segmente.
        vd Rückengefäss,
        vl Seitengefässe,
        vv das daraus entstehende Bauchgefäss,
        vs^1, vs^2, vs^3 Seitengefässschlingen.
Fig. 7. Segmentalorgan. Bezeichnung wie Taf. I. Fig. 10.
Fig. 8. Darmkanal mit contractilen Anschwellungen des Rückengefässes im 7., 8. und 9. Segmente (c^1, c^2, c^3);
        mz Muskelzellen des Rückengefässes,
        ldr Leberdrüsen,
        d Darmdrüsen,
        bs Blutsinus.
Fig. 9. Hypodermis des Gürtels. Man sieht grosse, mit grobkörnigem Protoplasma theilweise gefüllte Alveolen (*d*). In den Knoten zwischen einzelnen Alveolen sieht man in einem granulirten Protoplasma eingebettete Kerne mit Kernkörperchen (*a*).
Fig. 10. Hypodermis des Gürtels im optischen Längsschnitt.
        ca Kanälchen der Drüsen,
        a Kerne,
        d Drüsensubstanz.
Fig. 11. Samenleiter; Bezeichnung wie Taf. V. Fig. 11.
        pr Prostatadrüse,
        a äussere Mündung.
Fig. 12. Samentasche in vollständiger Entwicklung.
Fig. 13. Eine in der Entwicklung begriffene Samentasche.
        pt Peritonaeum,
        m Muskelschicht,
        ep Epithel,
        cu innere cuticulare Auskleidung.

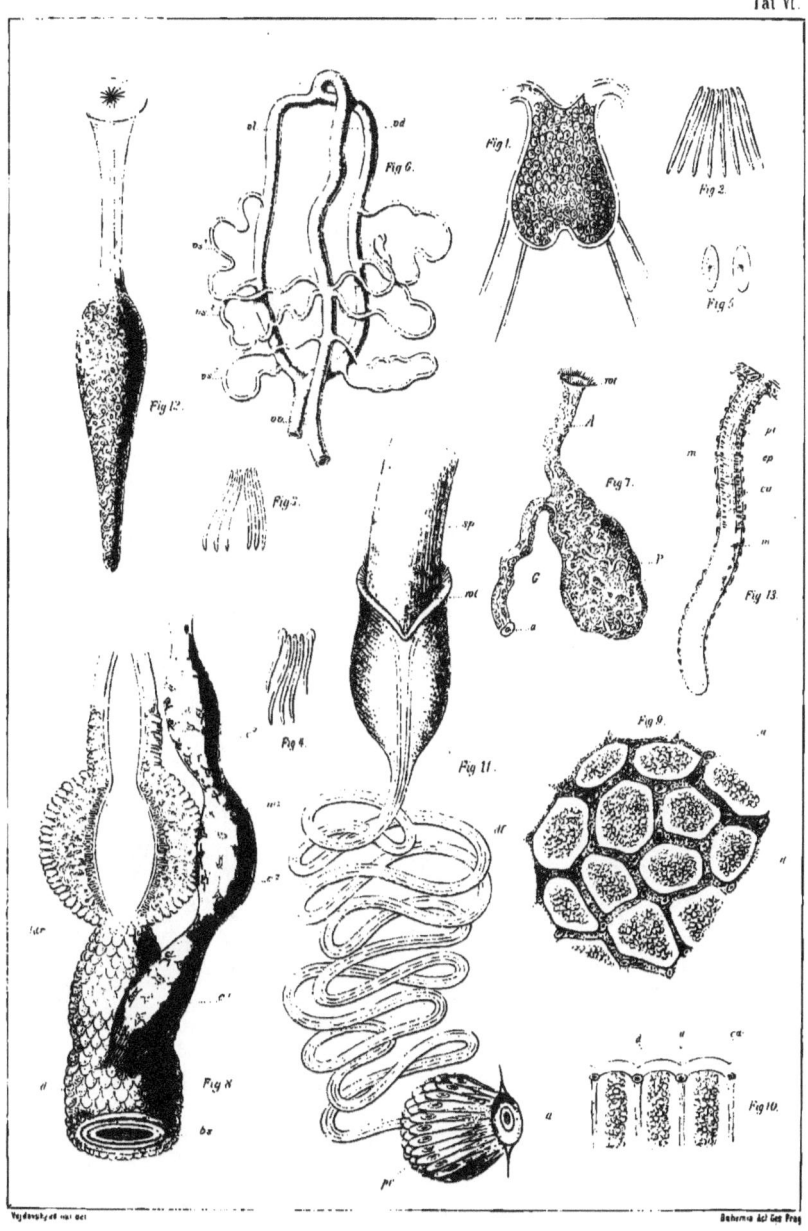

Enchytraeus ventriculosus D'Udekem.

Tafel VII.

Enchytraeus galba Hoffm.

Fig. 1. Gehirn *A* und Bauchstrang *B*.
Fig. 2. Speicheldrüsen *sd*, in den Oesophagus *oe* einmündend.
Fig. 3. a, b. Borstenbündel.
Fig. 4. Segmentalorgan; Bezeichnung wie Taf. I. Fig. 10.
Fig. 5. Samenleiter.
  st Samentrichter,
  dv Samengang,
  pr Prostatadrüsen,
  a äussere Öffnung.
Fig. 6. Optischer Längsschnitt durch das 12., 13. und 14. Körpersegment, um die Lage der zum Austritte der Eier bestimmten Öffnungen *ovd'* zu zeigen.
  e ein in Entwicklung begriffenes Ei,
  o ein reifes, zur Ablage fertiges Ei, welches bereits in den Mündungen der als Eileiter fungirenden Löcher (*ovd¹*) zwischen dem 12. und 13. Segment liegt. (Nach einem Praeparate.)
  ovd² sekundäre Öffnungen zwischen dem 13. und 14. Segmente. Dergleichen kommen noch zwischen dem 14. und 15., dann zwischen dem 15. und 16. Segment vor.
  b Bauchborsten des 13. Segmentes,
  a Hypodermisdrüsen des Gürtels,
  c Kerne zwischen denselben,
  dy Darmrohr,
  ♂ Äussere Öffnung der Samenleiter.
Fig. 7. Receptaculum seminis.
  sp Spermatozoenballen in den Nebentaschen,
  pt Peritonaealschicht.
Fig. 8. Hypodermis des Gürtels; Flächenansicht.
  a mit homogenem Inhalt gefüllte kernlose Alveolen,
  b granulirtes Protoplasma mit Kernen *c*.
Fig. 9. Opalina Filum Clap. aus der Leibeshöhle von Enchytraeus galba: *n* Nucleus, *v* Vacuolen. (Nach einem Osmium-Picrocarmin-Praeparate.)

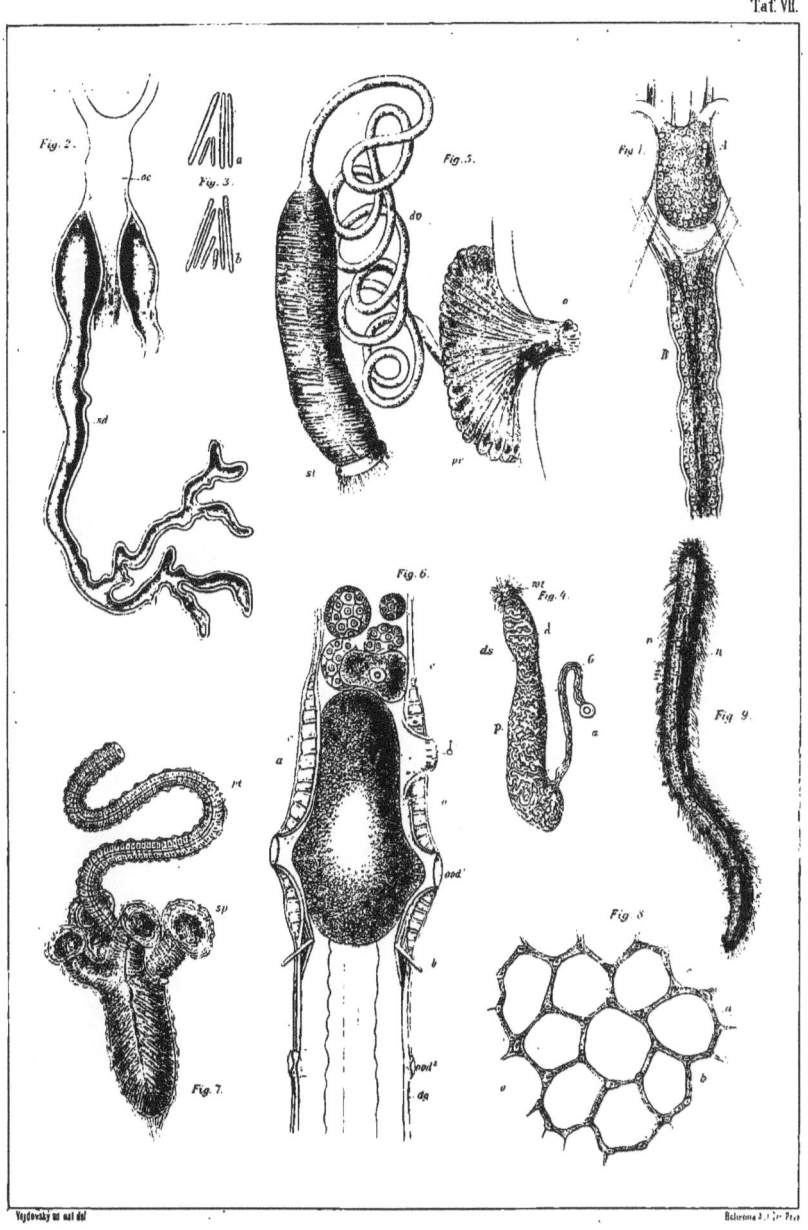

1–8 Enchytraeus galba Hoffm. 9. Opalina filum Clap.

Tafel VIII.

Enchytraeus Perrieri Vejd.

Fig. 1. Kopfsegment mit dem Kopfporus *a*.
Fig. 2. Nervensystem:
  g Gehirn,
  se Schlundkommissuren,
  soe Ganglion suboesophageale,
  bg¹ kleines Ganglion,
  bg² grosses Ganglion.
Fig. 3. Speicheldrüse.
Fig. 4. a, b, c. Borsten.
Fig. 5. Septaldrüsen des 4., 5., 6. und 7. Segmentes (sd^1, sd^2, sd^3, sd^4).
  Oberhalb des zweiten Paares liegen die Samentaschen.
Fig. 6. Hypodermisdrüsen des Gürtels; Bezeichnung wie Taf. VII. Fig. 8.
Fig. 7. Segmentalorgan. Bezeichnung Taf. I. Fig. 10.
Fig. 8. Gefässsystem des vorderen Körperendes; Bezeichnung wie Taf. VI. Fig. 6.
Fig. 9. Samenleiter mit seiner äusseren Öffnung ♂ und der darunter befindlichen weiblichen Mündung *od*.
Fig. 10. Samentrichter von oben gesehen: *f* Flimmerhaare.
Fig. 11. Samentasche:
  y Ausführungsgang,
  nt Nebentaschen mit Spermatozoenballen,
  ht Haupttasche,
  e Peritonneum.
Fig. 12. Wanderzelle.

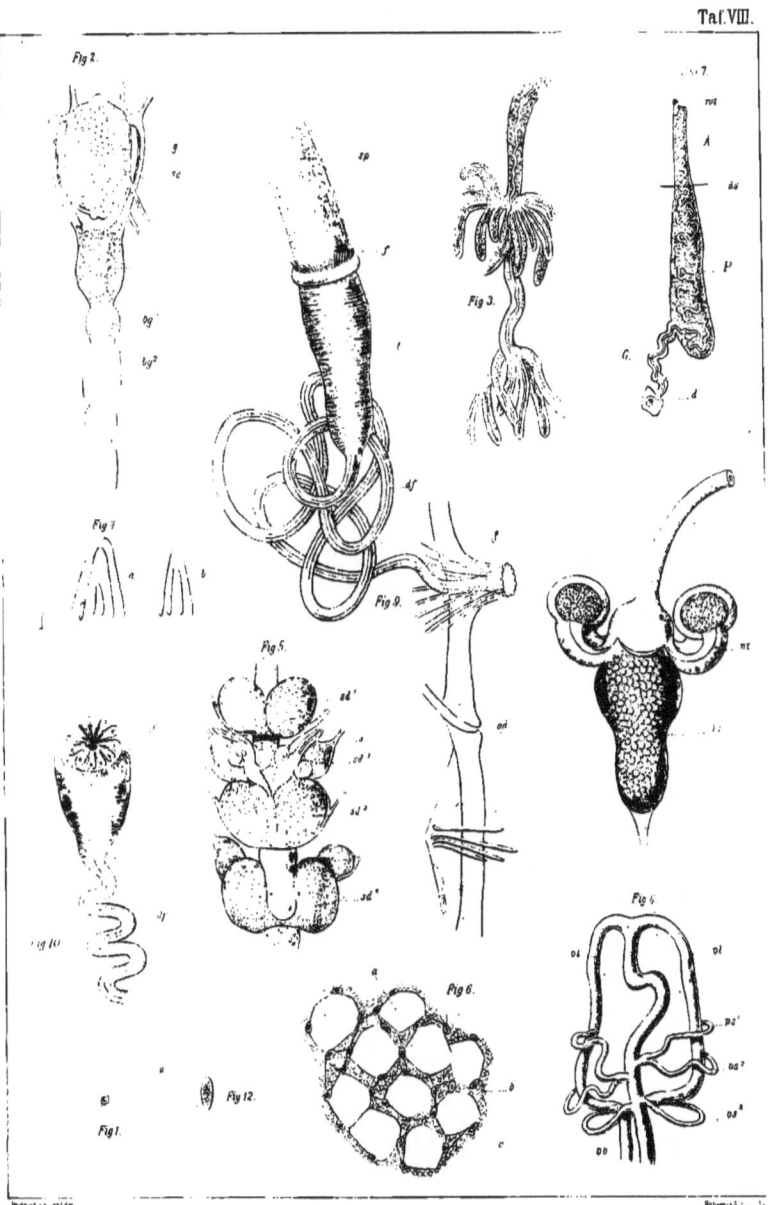

Enchytraeus Perrieri Vejd.

Tafel IX.

Fig. 1—8. Enchytraeus lobifer Vejd.

Fig. 1. Kopf- und Mundlappen mit dem Kopfloch.
Fig. 2. a, b, c. Borstenbündel.
Fig. 3. Gehirn.
Fig. 4. Segmentalorgan; Bezeichnung Taf. I. Fig. 10.
Fig. 5. Bauchgefäss eines Segmentes, mit drei, in den Darmsinus mündenden Seitengefässen (vs^1, vs^2, vs^3).
Fig. 6. Hypodermis des Gürtels.
Fig. 7. Receptaculum seminis mit Spermatozoen sp, welche nur den oberen Theil der Haupttasche erfüllen.
Fig. 8. Speicheldrüse.

Fig. 9—16. Ench. Leydigii Vejd.

Fig. 9. Gehirn.
Fig. 10. Borstenbündel.
Fig. 11. Körpersegment mit Hautdrüsen hd.
Fig. 12. Segmentalorgan; Bezeichnung Taf. I. Fig. 10.
Fig. 13. Speicheldrüsen in den Oesophagus oe einmündend.
Fig. 14. Samenleiter; Bezeichnung Taf. VI. Fig. 11.
Fig. 15. Receptaculum seminis.
Fig. 16. Hypodermis des Gürtels.

Tafel X.
Enchytraeus leptodera Vejd.

Fig. 1. Kopfsegment mit der Kopföffnung a und Hypodermisdrüsen d.
  g Gehirn,
  m^1, m^2 dessen Muskeln.

Fig. 2. Die beiden, unterhalb des Oesophagus oe sich erstreckenden Speicheldrüsen, welche mit ihrem dickwandigen Anfangstheile mw in denselben einmünden.
  sg Überrest der Segmentalorgane im 4. Segmente, woraus sich die Speicheldrüsen entwickelt haben.

Fig. 3. Leberdrüsen lbd zu beiden Seiten des Darmrohres d. — sp Speiseröhre,
  fl lange, borstenartige Flimmerhaare, beim Übergang der Speiseröhre in den Magendarm.
  c Contractile Anschwellung des Rückengefässes,
  e Darmepithel,
  m Muskelschicht,
  f Flimmerepithel.

Fig. 4. Bauchstrang der hinteren Segmente:
  ed Enddarm,
  dm Leibeswandung,
  b Bauchborsten,
  bs Bauchganglion,
  ds die sich bildenden Dissepimente.

Fig. 5. Bauchgefäss eines Segmentes mit 2 Paar Gefässschlingen.
Fig. 6. Segmentalorgan; Bezeichnung Taf. I. Fig. 10.
Fig. 7. Wanderzellen.
Fig. 8. Leibeshöhle des 12. Segmentes:
  d Darmwandung,
  ds Dissepiment,
  st Samentrichter in der Entwicklung begriffen,
  ov junges Ovarium,
  o eine in der Leibeshöhle flottirende Zellgruppe, mit dem sich entwickelnden Ei.

Fig. 9. Samenleiter; Bezeichnung Taf. VI. Fig. 11.
Fig. 10. In Entwickelung begriffenes Receptaculum.
Fig. 11. Reifes Receptaculum.
Fig. 12. Borstenbündel.

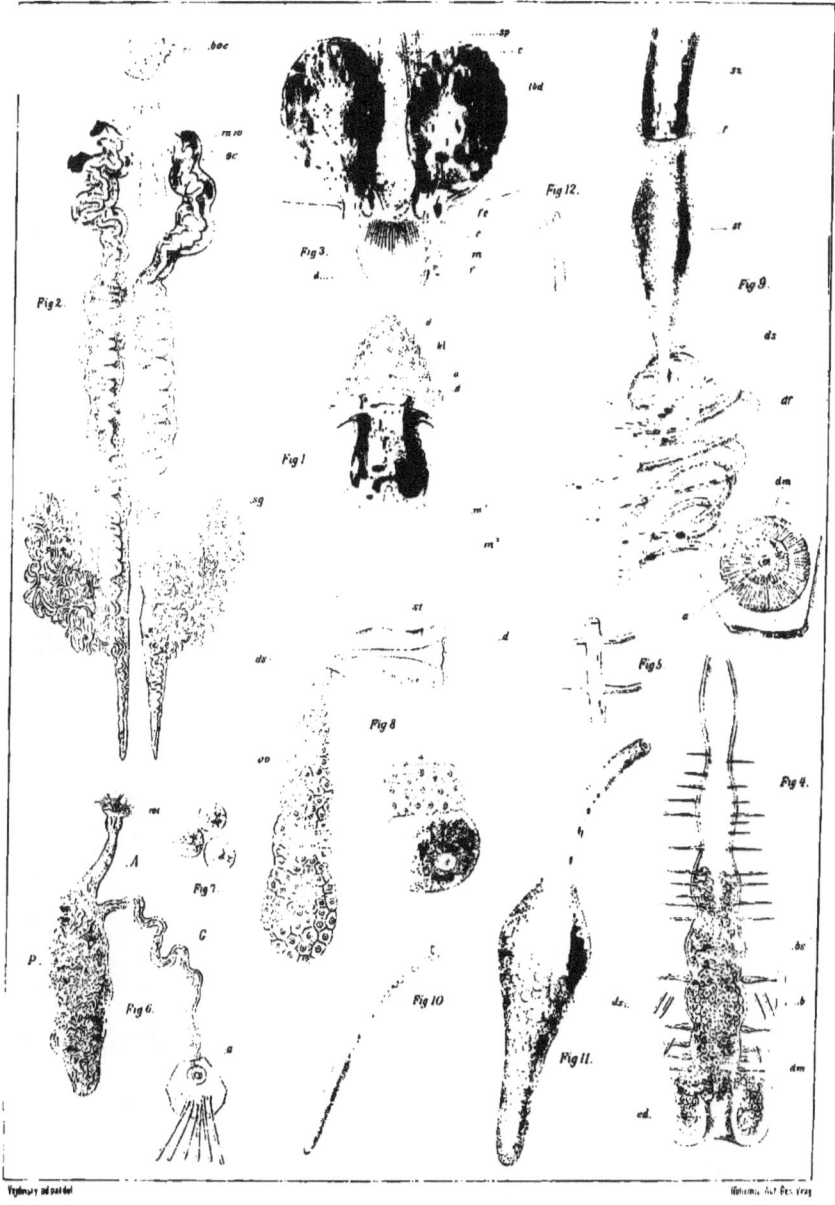

Enchytraeus leptodera Vejd.

Tafel XI.
Fig. 1. Enchytraeus hegemon Vejd.

Fig. 1. Querschnitt beinahe durch das Dissepiment des 4. und 5. Segmentes stark vergrössert.
  vd Rückengefäss,
  vv Bauchgefäss,
  sg Seitenschlingen,
  sp Speiseröhre,
  ps prismatische Epithelschicht derselben,
  m Muskelschicht der Speiseröhre,
  go Querschnitt des Sympathicus,
  bs Bauchstrang,
  f Bauchfurche,
  m^1, m^2 Muskelpaare, die in der Quermuskelschicht des Leibesschlauches entspringen, die Längsmuskelschicht *lm* durchbrechen, und sich einerseits an das Neurilem des Bauchstranges ansetzen (m^1), andererseits an die Peritonaealschicht der Leibeshöhle inseriren (m^2).
  ds, ds^1, ds^2 die als Septalmembran fungirenden Muskelstränge,
  bg bindegewebige Muskelmasse, in welcher das Rückengefäss befestigt ist, und aus welcher die Muskelfasern *m* zur Leibeswand ausgehen,
  dd, dd^1, dd^2 Septaldrüsen.

Fig. 2—8. Enchytraeus leptodera Vejd.

Fig. 2. Querschnitt des Schlundkopfes.
  N in der Centralreihe der prismatischen Säulenschicht befindliche Kerne,
  n Kerne der unteren Particu derselben Säulenschicht.

Fig. 3. Querschnitt der Leberdrüsen *ld*.
  vd Rückengefäss,   *d* Speiseröhre,
  vv Bauchgefäss, m^1, m^2 Muskelpaare,
  n Bauchstrang,   *f* Bauchfurche.

Fig. 4. Stark vergrösserte Partie der Leberdrüsen.
  pt Peritonaeum,   *dr* Schlauchdrüsen,
  m Muskelschicht,   *g* Gefässe,
  ep Epithel,   *bl* blasige Bindesubstanz.

Fig. 5. Querschnitt durch den Darm aus der hinteren Körperregion.
  lg Rückenligament,   *dd* Darmdrüsen,
  lg' Bauchligament,   *fu* Bauchfurche des Leibesschlauches,
  pt Peritonaeum, m^1, m^2, m^3 Muskelpaare,
  sg Blutsinus,   *bs* Bauchstrang,
  ep Flimmerepithel,   *vv* Bauchgefäss.
  f fascrige Substanz im Blutsinus,

Fig. 6. Querschnitt durch den Darm aus der mittleren Körperpartie.
  ep^1 äusseres Epithel (Peritonaeum) mit der Muskelschicht,
  bs Blutsinus,
  ep^2 aus langen Cylinderzellen bestehendes Epithel,
  vv Bauchgefäss,
  n Bauchstrang,
  m^1, m^2 Muskelpaare.

Fig. 7. Inneres Darmepithel, stark vergrössert.

Fig. 8. Querschnitt des Bauchstranges.
  f Bauchfurche des Leibesschlauches,   *vv* Bauchgefäss,
  zs Zellenschicht, m^1, m^2 Muskelpaare.
  o Bauchstrangsröhren,

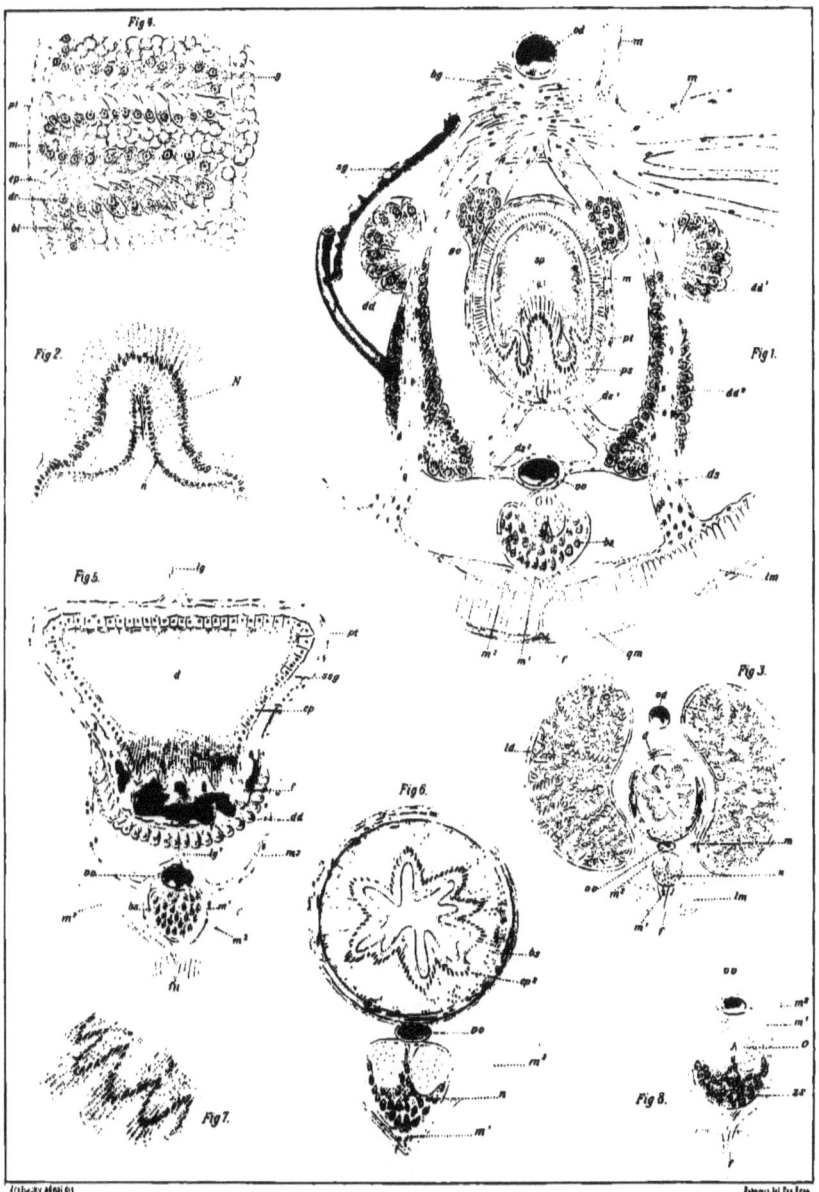

1 Ench. hegemon Vejd. 2-8 Ench. leptodera Vejd.

Tafel XII.

Fig. 1—5. Enchytraeus hegemon Vejd.

Fig. 1. Gehirn.
Fig. 2. Speicheldrüse.
Fig. 3. Segmentalorgan (Bezeichnung Taf. I. Fig. 10.).
Fig. 4. Samentasche:
    sp Spermatozoenballen in den Nebentaschen,
    pt Peritonaeum,
    hd Hypodermisdrüsen,
    a äussere Öffnung.
Fig. 5. Borstenbündel.

Fig. 6—12. Ench. puteanus Vejd.

Fig. 6. Gehirn.
Fig. 7. Borstenbündel.
Fig. 8. Contractile Anschwellungen des Rückengefässes im 6., 7. und 8. Segment, *mz* Muskelzellen.
Fig. 9. Segmentalorgan (Bezeichnung Taf. I. Fig. 10.).
Fig. 10. Vorderes Körperende von der Bauchseite aus gesehen.
    o Mund,
    bb Bauchborsten,
    vs^1, vs^2 Samentaschen.
Fig. 11. Eine in Entwicklung begriffene Samentasche.
    cu' Cuticula des Leibesschlauches,
    cu Cuticula der Samentasche,
    ep' Hypodermis des Leibesschlauches,
    ep Epithel der Samentasche,
    m' Muskelschicht des Leibesschlauches,
    m Muskelschicht der Samentasche,
    pt' Peritonaeum des Leibesschlauches,
    pt Peritonaeum der Samentasche.
Fig. 11. a. Stärker vergrössertes Stück des Ausführungsganges einer Samentasche.
    cu innere Cuticula.
Fig. 12. Samentrichter.

Fig. 13—17. Ench. adriaticus Vejd.

Fig. 13. Vorderes Körperende.
    o Mund,
    pe Kopfporus,
    y Gehirn,
    boe Schlundkopf,
    bs Bauchstrang.
Fig. 14. Borstenbündel.
Fig. 15. Zwei Segmente der mittleren Körperregion.
    sg Segmentalorgan,
    ds Dissepiment,
    ds' Septale Muskelstränge,
    dd Darmdrüsen.
Fig. 16. Samenleiter.
Fig. 17. Samentasche.

Taf XII.

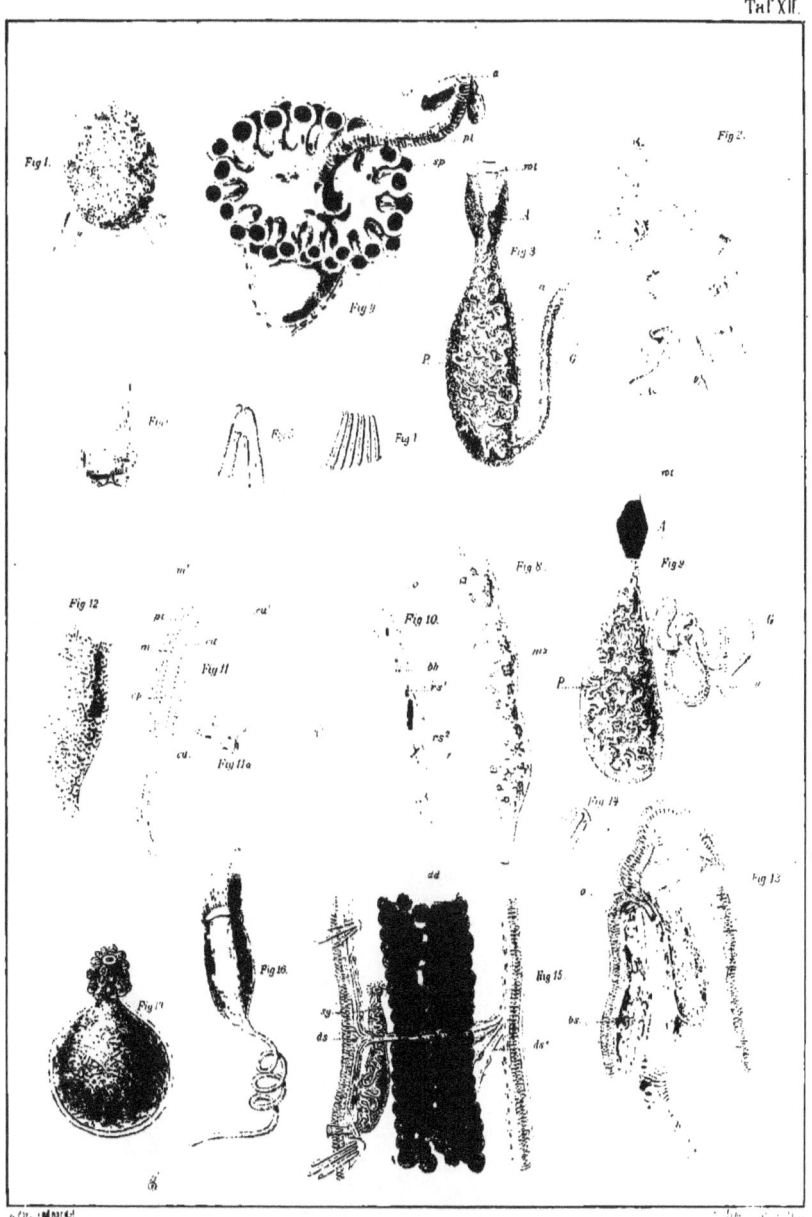

Fig 1-5 Enchytraeus hegemon Vejd. Fig 6-12 E. puteanus Vejd. Fig 13-17 Ench. adriaticus Vejd.

Tafel XIII.
Fig. 1—6. Pachydrilus sphagnetorum Vejd.

Fig. 1. Nervensystem; *g* Gehirn, *bs* Bauchstrang, m^1, m^2 Gehirnmuskeln.
Fig. 2. Septaldrüsen von oben aus gesehen (sd^1, sd^2, sd^3, sd^4).
  m Muskelzüge zwischen den einzelnen Drüsenpaaren.
  nb junge Borsten.
  rg Rückengefäss,
  d Darm.
Fig. 3. Darmdrüsen, mit Pikrocarmin gefärbt, stärker vergrössert.
Fig. 4. Segmentalorgan (Bezeichnung Taf. I. Fig. 10.).
Fig. 5. Ein Theil desselben, stark vergrössert (nach einem Osmium-Pikrocarmin-Praeparate)
Fig. 6. Borstenbündel.

Fig. 7—10. Pachydrilus fossor Vejd.

Fig. 7. Kopf- und Mundlappen. von der Bauchseite aus gesehen.
Fig. 8. Borstenbündel.
Fig. 9. Gehirn.
Fig. 10. Segmentalorgan.

Fig. 11—14. Enchytraeus hegemon Vejd.

Fig. 11. Der verästelte Theil einer Speicheldrüse. mit Pikrocarmin gefärbt.
  e Epithelzellen,
  m Muselschicht,
  k körniger Inhalt des inneren Ganges.
Fig. 12. Darmdrüsen.
Fig. 13. Borstenbündel.
  lm Längsmuskelschicht,
  qm Quermuskelschicht des Leibesschlauches,
  a, b, c, d in den verschiedenen Stadien der Entwicklung begriffene Borsten.
Fig. 14. Querschnitt des Bauchstranges. *o* Röhren.

Fig. 15—17. Ench. leptodera Vejd.

Fig. 15. Borstenbündel.
  b entwickelte Borsten.
  j junge Borsten,
  qm, lm wie bei Fig. 13.
Fig. 16. Querschnitt des Gehirnes.
  gz Ganglienzellenschicht,
  ps Nervenfaserschicht.
  m Gehirnmuskel,
  bs bindegewebige Muskelmasse,
  vd Rückengefäss.
Fig. 17. Querschnitt der Speicheldrüse am vordersten Ende.
  sp Speicheldrüsen,
  oe Oesophagus,
  bs Bauchstrang.

Taf. XIII.

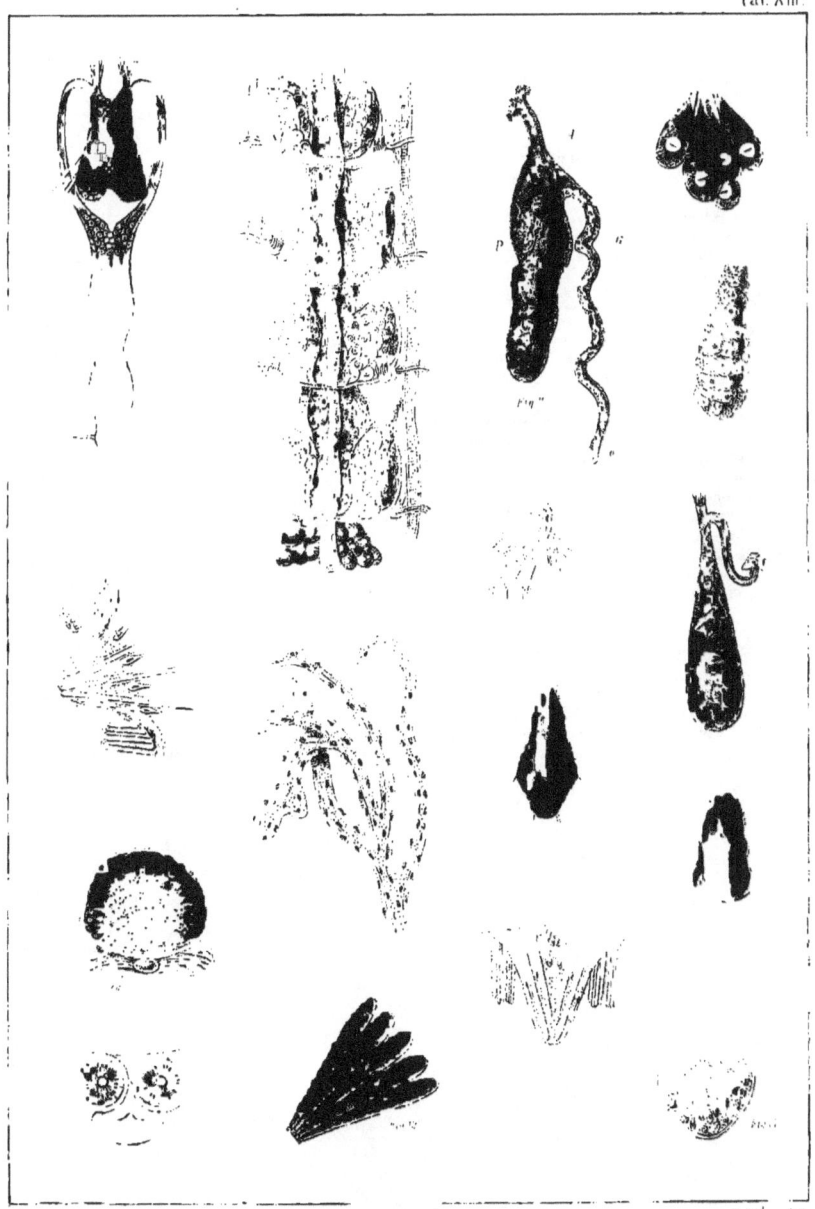

1–6 Pachydri... ...pe...teterum Vejd / 10 Pach fossor Vejd 11–14 Enchytraeus negemini Vejd
15–17 Ench leptodera Vejd

Tafel XIV.

Pachydrilus Pagenstecheri Ratzel spec.

Fig. 1. Kopfsegment mit dem Kopfporus a.
  g Gehirn.
Fig. 2. Kopfsegment von der Bauchseite aus betrachtet.
  o Mund,
  hp Hypodermis der Unterlippe,
  qm Quermuskelschicht,
  m¹, m² Muskeln der Unterlippe,
  com Schlundcommissuren,
  sbg Ganglion subocsophageale,
  int. g Zwischenganglion.
Fig. 3. Borstenbündel.
Fig. 4. Optischer Längsschnitt der Leibeswand,
  cu Cuticula,
  hp Hypodermis,
  ca Canälchen der grösseren Hypodermiszellen,
  qm Quermuskelschicht.
Fig. 5. Wanderzelle.
Fig. 6. Gefässsystem der vorderen Segmente. (Bezeichnung wie Taf. VI. Fig. 6.)
Fig. 7. Segmentalorgan (Bezeichn. Taf. I. Fig. 10.).
Fig. 8. Verkümmertes Segmentalorgan des 3. Segmentes.
Fig. 9. Hoden,
  sp Spermatozoenzellen,
  ep Epithel,
  gr Gregarine.
Fig. 10. Eierstock.
Fig. 11. Samentasche:
  a äussere Öffnung,
  gd grosse Drüsen rings um die Öffnung,
  ed einfache Drüsen des Ausführungsganges,
  sp Spermatozoen.
Fig. 12. Samentrichter.
Fig. 13. Gonospora Pachydrili n. sp., aus den Hoden von Pachydrilus Pagenstecheri.
Fig. 14. Zwei in Conjugation begriffene Individuen.
Fig. 15. Eine Cyste in der definitiven Ausbildung; in der unteren Hemisphaere sieht man noch ungetheilte Keimmasse, während in dem oberen Theile der Cyste sich durch Theilung zahlreiche Sporen entwickelten.

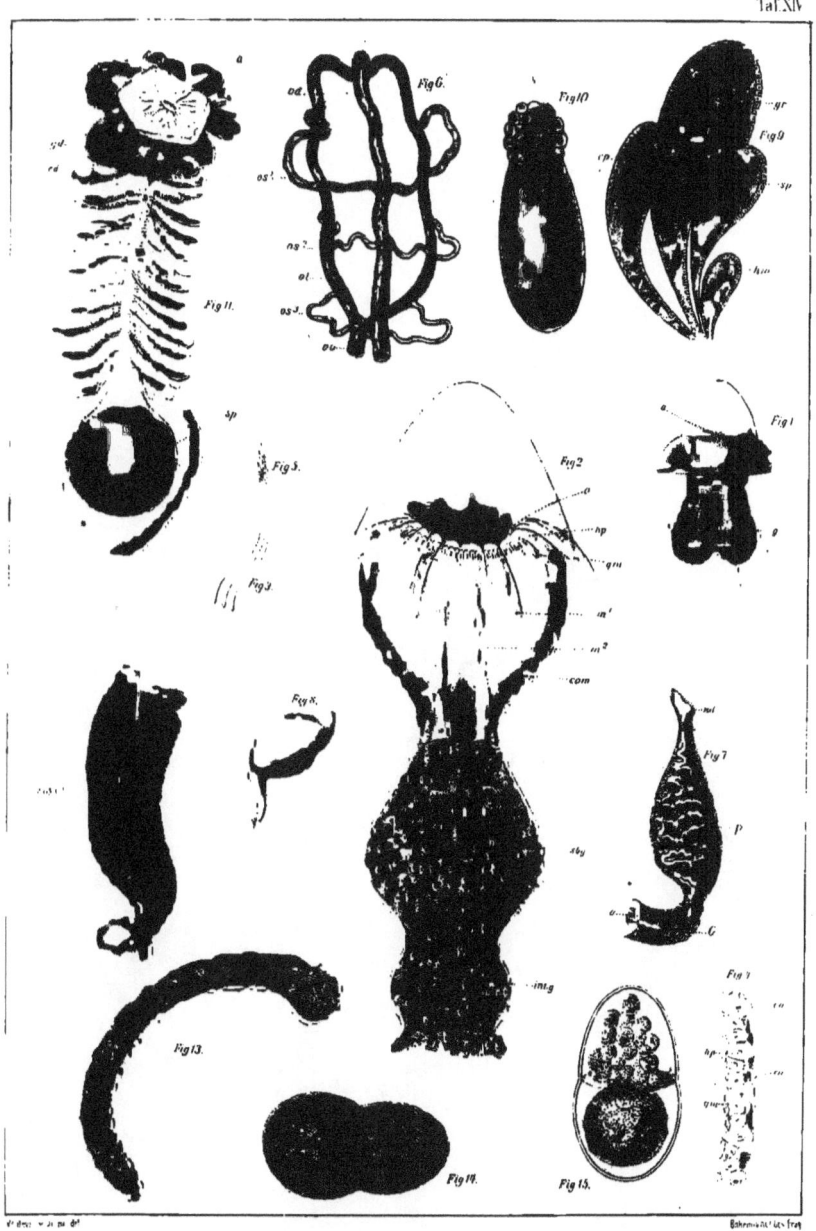

1-12 Pachydrilus Pagenstecheri Ratzel spec. 13-15 Gonospora Pachydrili Vejd

www.ingramcontent.com/pod-product-compliance
Lightning Source LLC
Chambersburg PA
CBHW020137170426
43199CB00010B/787